GEMÜSE

Anders Kvorning (Rezepte), Theis Bothmann (Bilder)
und Malte Gaarde Meyenburg (Texte)

Verlagshaus Jacoby Stuart

INHALT

BEVOR SIE MIT DEM KOCHEN BEGINNEN, LESEN SIE BITTE UNBEDINGT DIE ANMERKUNGEN ZU DEN REZEPTEN AUF S. 118.

NICHT VEGETARISCH

Dies ist kein vegetarisches Kochbuch. Es ist ein Buch über Gemüse. In diesem Buch beschreiben wir viele verschiedene Gemüsesorten: ihr Aussehen, ihren Geschmack, ihre Beschaffenheit, ihren Duft, wie sie angebaut werden usw. Wir kochen mit den vielen verschiedenen Gemüsesorten, weil wir denken, dass sie fantastisch schmecken. Wir erzählen Ihnen von ihrer einzigartigen Beschaffenheit, ihrer Textur, ihren Düften und Farben. Es gibt zwar gute ethische, gesundheitliche und politische Gründe, den Fleischkonsum einzuschränken und durch Gemüse zu ersetzen, aber das ist nicht der Grund, aus dem wir dieses Buch geschrieben haben. Wir haben das Buch geschrieben, weil wir Gemüse lieben. Manche mögen argumentieren, dass es darauf ankommt, ob man ein Gemüse isst, weil es lecker ist oder weil es klimafreundlich ist, aber wir sind anderer Meinung. In der Klimadebatte geht es oft um Einschränkungen, und das mit gutem Grund. Aber Gemüse zu essen ist keine Einschränkung. Es ist es eine Option. Wir hoffen, dass Sie nach der Lektüre dieses Buches das gleiche Gefühl haben werden.

Unsere Esskultur war lange Zeit so fleischzentriert, dass wir das Essen mit Scheuklappen betrachtet haben. Die meisten Menschen gehen in den Supermarkt, nehmen sich einen Korb und überlegen, welches Stück Fleisch sie hineinlegen. Erst wenn das Fleisch – das Zentrum einer Mahlzeit –, feststeht, wenden sie sich den Beilagen zu: dem Gemüse. Aber warum ist das so? Es gibt über 1.000 verschiedene Gemüsesorten auf der Welt, jedoch nicht annährend so viele Nutztierrassen. Das meiste Fleisch ist sich in Geschmack und Konsistenz relativ ähnlich, Gemüse dagegen ist vielfältiger. Es kommt in einer Fülle von Farben und Formen daher. Es kann knackig oder weich, saftig oder zäh sein. Manch einer mag einwenden, dass Gemüse zwar eine gewisse Vielfalt aufweist, aber nichts davon so befriedigend schmeckt, wie Fleisch. Wir sind der Meinung, dass dies bis zu einem gewissen Grad stimmt, aber es liegt nicht an den Eigenschaften der Produkte selbst. Vielmehr glauben wir, dass dies vor allem auf zwei Faktoren zurückzuführen ist: (1) auf unsere mangelnden Zubereitungskenntnisse bezüglich Gemüse und (2) auf Gewohnheiten, die über Generationen hinweg gewachsen sind. Da Fleisch für viele das Herzstück einer Mahlzeit ist, ist es nur natürlich, dass viele ihre begrenzte Zeit darauf verwenden, ihre Fähigkeiten bei der Fleischzubereitung zu verbessern. Natürlich haben wir keine wissenschaftlichen Beweise, um diese Behauptung zu untermauern, sie basiert auf allgemeinen Beobachtungen in unserem eigenen sozialen Umfeld und auf Gesprächen mit anderen Menschen über Essen. Wir haben die Erfahrung gemacht, dass vor allem diejenigen, die nur über relativ geringe Kochkenntnisse verfügen, sich besonders auf die tierischen Elemente konzentrieren. Stellen Sie sich einen Moment lang vor, Sie sind auf einer Gartenparty und stehen am Grill und unterhalten sich mit den Leuten. Auf dem Grill liegen ein paar Rinderlendensteaks und weißer Spargel. Wenn es in Ihrem Bekanntenkreis so zugeht wie bei uns, werden viele Leute um den Grill herum eine Meinung dazu haben, wie die Steaks gegrillt werden sollten. Sie werden sagen, dass die Steaks nicht zu lange gegrillt werden sollten und dass sie so heiß wie möglich gegrillt werden sollten, damit sie eine schöne Kruste bekommen. Einige werden auch sagen, dass sie gut gesalzen werden sollten, bevor sie auf den Grill gelegt werden, und noch einmal, bevor sie serviert werden. Über Spargel werden die wenigsten etwas zu sagen haben. Wären sie in einer anderen Kultur aufgewachsen, in der Gemüse eine größere Rolle spielte, hätten sie vielleicht etwas zu sagen. Sie würden wissen, dass weißer Spargel scharf gegrillt werden muss. Die Grillkruste bildet einen Schutzschild um den Saft des Spargels, die Stangen sollen zart, aber nicht schlaff sein, also muss der Grill sehr heiß sein. Solange der Spargel noch heiß ist, schälen Sie ihn mit dem Kopf nach unten und würzen ihn mit Salz. Sie wissen, dass der Biss in einen frisch gestochenen weißen Spargel, der mit viel Geschick und Liebe zubereitet wurde, aufgrund der starken sensorischen Eindrücke, die er hervorruft, ein fast euphorisches Gefühl hervorruft. Eine Erfahrung, die mindestens so komplex ist, wie alles, was ein totes Tier hervorbringen kann.

Birkemosegaard: Dieser biodynamische Hof auf Sjællands Odde hat viele Gemüsesorten für dieses Buch geliefert.

ANBAUMETHODEN

Der Geschmack, der Duft und die Beschaffenheit eines Gemüses sind, wie beim Menschen, durch seine Umgebung geprägt. Vom winzigen Samenkorn an haben der Boden, das Wetter, die Temperatur und die umgebende Tierwelt einen Einfluss auf die künftigen ästhetischen Qualitäten. So werden beispielsweise Kartoffeln, die auf sehr steinigen Böden angebaut werden, knorrig und verbeult, weshalb manche Landwirte jedes Jahr viel Energie darauf verwenden, den Boden von Steinen zu befreien. Die Anbaumethoden haben einen großen Einfluss auf die Qualität der Erzeugnisse. Im Folgenden beschreiben wir einige der gebräuchlichsten Anbaumethoden sowie ihre Vor- und Nachteile kurz und subjektiv.

KONVENTIONELLE LANDWIRTSCHAFT

Die konventionelle Landwirtschaft ist die am weitesten verbreitete und produktionseffizienteste. Sie ist darauf spezialisiert, hohe Erträge zu niedrigen Kosten zu erzielen. Die Folgen sind eine Verschlechterung der Bodenqualität, der biologischen Vielfalt, der Wasserqualität und des Tierschutzes. Manche sind der Meinung, dass diese Faktoren dazu führen, dass weniger Nährstoffe in der einzelnen Pflanze konzentriert sind, was letztendlich zu einem Gemüse mit weniger interessanten Eigenschaften führt.

ÖKOLOGISCHE LANDWIRTSCHAFT

Die ökologische Landwirtschaft besteht aus einer Reihe von gemeinsamen EU-Vorschriften, die darauf abzielen, die Landwirtschaft natürlicher zu gestalten und das Ökosystem in und um den Betrieb zu verbessern. Die Vorschriften bedeuten, dass die Landwirte die Bedingungen für ihre Pflanzen durch natürliche Methoden verbessern und unnatürliche Mittel wie Pestizide und Kunstdünger auf ein Minimum reduzieren. All diese Faktoren führen dazu, dass der ökologische Landbau einen geringeren Ertrag als der konventionelle Landbau aufweist und oft eine höhere sensorische Qualität der einzelnen Rohstoffe sowie eine geringere negative Auswirkung auf die umliegende Natur hat. Die Bioverordnungen sind jedoch nicht so umfassend, dass es keine Verbesserungsmöglichkeiten gäbe, sowohl was die Auswirkungen auf die Natur als auch die Qualität der Rohstoffe betrifft.

BIOLOGISCHDYNAMISCHE LANDWIRTSCHAFT

Die Biodynamische Landwirtschaft ist in vielerlei Hinsicht eine ehrgeizigere Version der ökologischen Landwirtschaft. Sie zielt auf ein höheres Maß an Natürlichkeit und weniger negative Auswirkungen auf das umgebende Ökosystem ab. In der Biodynamischen Philosophie wird der einzelne Betrieb als »ein Gewächs« betrachtet – als ein sehr lokal begrenztes Ökosystem. So muss beispielsweise der Dünger aus dem Viehbestand des einzelnen Betriebs oder aus der unmittelbaren Umgebung des Betriebs stammen. Die Tierhaltung spielt daher eine wichtige Rolle in der Biodynamischen Landwirtschaft. Die Zahl der zugelassenen Zusatzstoffe ist geringer als im ökologischen Landbau, und Mond, Sonne und Sterne spielen eine zentrale Rolle bei der Bestimmung des Saat- und Erntezeitpunkts. Die Erträge in der Biodynamischen Landwirtschaft sind die niedrigsten unter den zertifizierten Anbaumethoden und die sensorischen Qualitäten gehören zu den höchsten, weshalb biologisch-dynamische Produkte in vielen der besten Restaurants der Welt bevorzugt werden.

KONSERVIERENDE LANDWIRTSCHAFT

Eine alternative landwirtschaftliche Lehre, die seit 2022 an Bedeutung gewinnt, ist die Konservierende Landwirtschaft, für die es, zumindest in Dänemark, kein offizielles Kennzeichnungssystem gibt, die aber darauf abzielt, die negativen Auswirkungen der Landwirtschaft auf die biologische Vielfalt und die Bodenqualität zu verringern, ohne die Erträge und wirtschaftlichen Vorteile der konventionellen Landwirtschaft zu schmälern. Konservierende Landwirtschaft bedeutet unter anderem, dass das Land nicht gepflügt oder mehrere Jahre hintereinander mit denselben Pflanzen bebaut wird. Dies wirkt sich positiv auf die Bodenqualität und das Ökosystem in und um das Land aus. Der Einsatz von Düngemitteln und Pestiziden ist jedoch nach wie vor erlaubt, und der Ertrag ist nach wie vor hoch, sodass die Qualität des Rohstoffs bei dieser Art der Landwirtschaft selten im Vordergrund steht.

REGENERATIVE LANDWIRTSCHAFT

Hierbei handelt es sich um eine allgemeine Philosophie, die als eine anspruchsvollere Version der Konservierenden Landwirtschaft angesehen werden kann und sich auch an Biodynamischen Grundsätzen orientiert. Ziel der regenerativen Landwirtschaft ist es, das ursprüngliche Ökosystem und die biologische Vielfalt wiederherzustellen, die durch die Landwirtschaft zerstört wurden. Betriebe, die regenerative Praktiken anwenden, gehören zu den ehrgeizigsten. Zu den Methoden gehören minimales Pflügen, der Verzicht auf den Einsatz von Pestiziden, Herbiziden oder Düngemitteln, eine ganzheitliche Weidehaltung und eine große Pflanzenvielfalt. Eine andere Denkweise, die oft Teil der regenerativen Philosophie ist, ist die »Permakultur«, bei der es ebenfalls darum geht, natürliche Prozesse in der Landwirtschaft anzustreben und den Menschen als Teil der Natur und nicht als über anderen lebenden Organismen stehend zu betrachten. Wie bei anderen Methoden, die nach Natürlichkeit auf Kosten des Ertrags streben, sind Produkte aus Regenerativer Landwirtschaft oft von höherer sensorischer Qualität.

FREILAND

Freiland bedeutet einfach, dass das Gemüse im Freien angebaut wird, möglicherweise mit Fasertuch oder Plastik über den Pflanzen während der Wachstumsperiode. Die Tatsache, dass das Gemüse unter freiem Himmel angebaut wird, bedeutet, dass es an einem Ort angebaut wird, an dem die natürlichen Wachstumsbedingungen optimal sind und die Pflanze keine Hilfe in Form von Gewächshäusern benötigt, um zu wachsen. In Dänemark werden vor allem Kohl, Zwiebeln und Wurzelgemüse im Freiland angebaut. Tomaten, Paprika, Zucchini und anderes Salatgemüse werden in Nordeuropa normalerweise in Gewächshäusern angebaut. Wenn Sie sich für ein südeuropäisches Freilandgemüse und nicht für ein heimisches Gewächshausgemüse entscheiden, erhalten Sie oft bessere Produkte (und eine geringere Umweltbelastung).

GEWÄCHSHÄUSER (BEHEIZT / UNBEHEIZT)

Ein Gewächshaus kann künstlich oder natürlich beheizt werden. Leider ist es oft schwierig, Informationen über diesen Unterschied beim Anbau einer Ware zu finden, aber in Wirklichkeit ist diese Information wichtiger als die Frage, ob die Ware im Freien oder in einem Gewächshaus angebaut wird. Denn während die Auswirkungen eines natürlich beheizten Gewächshauses auf die Umwelt und die Qualität begrenzt sind, sind die Auswirkungen von künstlich beheizten Gewächshäusern enorm. So sind beispielsweise die klimatischen Auswirkungen einer Tomate, die in einem beheizten Gewächshaus angebaut wird, achtmal größer als die einer Tomate, die im Freien angebaut wird, und auch die Auswirkungen der wenigen Sonnenstunden auf den Geschmack der Tomate sind beträchtlich.

VERTIKALE LANDWIRTSCHAFT

Vertikale Landwirtschaft wird der Anbau von Pflanzen auf mehreren Ebenen in geschlossenen Räumen mit künstlicher Beleuchtung genannt. Diese Pflanzen wachsen nicht in der Erde, sondern ihre Wurzeln werden direkt in mit Nährstoffen versorgte Wasserbecken gepflanzt. Darüber hinaus werden die Pflanzen in den Hallen oft natürlichen Bedingungen wie Wind und Wetter ausgesetzt. Die Vertikale Landwirtschaft hat einige Vorteile für die Umwelt, da ihr Flächenverbrauch stark eingeschränkt ist. Allerdings ist ihr Einsatz (im Jahr 2022) auf Blattgemüse beschränkt, da größere Kulturen einen übermäßigen Energieaufwand erfordern. Es ist fraglich, ob es jemals möglich sein wird, auf diese Weise beispielsweise Tomaten und Kartoffeln anzubauen, was das Umweltpotenzial einschränkt. Das Seltsame am Blattgemüse aus Vertikalen Farmen ist, dass es sich zwar um die unnatürlichste aller Anbaumethoden handelt, Geschmack, Geruch und Konsistenz aber einfach hervorragend sind. Hinzu kommt der Komfort, dass das Gemüse nicht gewaschen oder geputzt werden muss, sondern sofort verzehrfertig ist. Der ästhetische Genuss hängt jedoch davon ab, ob man über die etwas unromantischen Anbaubedingungen hinwegsehen kann.

SAISONAL

Viele Menschen kennen die Vorteile des saisonalen Verzehrs von Gemüse. Aber was bedeutet es wirklich, wenn ein Produkt Saison hat? So ganz einfach ist das nicht.

LAGERUNG UND ENTWICKLUNGSSTUFEN

Wenn Sie im Netz zum Beispiel nach »Karottensaison« suchen, werden Sie auf verschiedene Saisonführer stoßen, die die Karotte als das ganze Jahr über, also Januar bis Dezember, in Saison führen. Bedeutet das, dass die Karottenpflanze das ganze Jahr wächst und zu allen Jahreszeiten geerntet werden kann? Nein, das bedeutet es nicht. Die Karotte wird in Deutschland im Allgemeinen von Anfang Juli bis Oktober geerntet. Einige Karottensorten eignen sich jedoch besonders gut für die Lagerung in mit Sand gefüllten Kisten in dunklen kühlen Räumen. Von hier aus können sie den ganzen Winter über geerntet werden und behalten ihre Knackigkeit und Saftigkeit. Allerdings sind Winterkarotten dicker und weniger süß als die feinen frischgeernteten Karotten, sodass die optimalen Verwendungsmöglichkeiten sehr unterschiedlich sind. Deshalb werden Sie in diesem Buch immer wieder auf Begriffe wie »Sommerkarotten« und »Winterkarotten« stoßen. Ein Gemüse kann auch verschiedene Entwicklungsstufen haben, die zu unterschiedlichen Zeiten Saison haben. Ein gutes Beispiel dafür ist Kohl. Bereits im April gehören Kohlsprossen zu den frühesten frischgeernteten Produkten des Jahres und schmecken fantastisch. Ausgewachsene Kohlköpfe werden jedoch erst später im Jahr geerntet, manche sogar bis in den Winter hinein. Es gibt auch Gemüsesorten, deren Qualitäten sich im Laufe der Zeit im Keller entwickeln müssen, so wie ein guter Wein. Dies ist bei einigen Kartoffelsorten, etwa bei Belana und Allians, der Fall. Diese Sorten sind schmecken, wenn sie frisch ausgegraben sind, langweilig, aber nach einem halben Jahr in großen Kisten bieten sie ein Geschmackserlebnis, das mit den besten neuen Kartoffeln konkurrieren kann.

EIN BLICK AUF DEN STANDORT

Gemüse schmeckt (normalerweise) am besten, wenn es gerade geerntet wurde, und verliert dann allmählich seinen Geschmack. Das stimmt zwar, aber man muss es durch eine Reihe anderer Wahrheiten ergänzen, z.B. die Tatsache, dass Gemüse am besten schmeckt, wenn es in einem geografischen Gebiet angebaut wird, in dem die natürlichen Wachstumsbedingungen so gut sind, dass es nicht durch künstliche Wärme unterstützt werden muss. Für ein gutes Gemüse sind zwei Faktoren entscheidend: die Zeit seit der Ernte und die Wachstumsbedingungen – was ist also am besten? Eine frisch gepflückte deutsche Tomate aus einem beheizten Gewächshaus oder eine spanische Freilandtomate, die 48 Stunden lang unterwegs war? Die Antwort ist oft die letztere, weshalb es nicht nur sinnvoll ist, darauf zu achten, wann eine Ware in eigenen Land, sondern in ganz Europa Saison hat.

UNSERE DEFINITION VON SAISONAL

In diesem Buch werden Sie daher ein viel umfassenderes Konzept von saisonal kennenlernen, als Sie es gewohnt sind. Wir beschreiben, welche Sorten ein und desselben Gemüses zu verschiedenen Zeiten Saison haben und wie die Lagerfähigkeit der verschiedenen Sorten ist. Bei einigen Sorten geben wir auch die nord- und südeuropäischen Jahreszeiten an, und auf den letzten Seiten finden Sie einen etwas anderen Saisonkalender als Sie ihn gewohnt sind. Dank moderner Anbaumethoden und des internationalen Handels sind fast alle Gemüsesorten ganzjährig verfügbar. Daher ist es nicht sinnvoll, sich ausschließlich auf die Verfügbarkeit von Produkten zu konzentrieren. Stattdessen geben wir an, wann ein bestimmtes Gemüse einer bestimmten Herkunft besonders gut ist. Dies ist oft dann der Fall, wenn das Produkt je nach Standort und Verarbeitung die besten Bedingungen aufweist. So werden beispielsweise südeuropäische Gewächshauspaprika im Januar nicht in der Übersicht erscheinen, auch wenn sie verfügbar sind. Die nordeuropäische Saison ist jedoch immer angegeben.

GEMÜSE KAUFEN

Wir haben genau ein Jahr lang an diesem Buch gearbeitet. Von Juli 2021 bis Juli 2022 damit wir all die verschiedenen Zutaten jeweils auf dem Höhepunkt ihrer Saison verarbeiten konnten. Es war wichtig für uns, das beste und schönste Gemüse zu bekommen, das es gibt. Wir haben mit einer Reihe von Bauernhöfen, Einkäufer:innen und Leuten zusammengearbeitet, die Spezialitäten für die besten Restaurants beschaffen. Tatsächlich war es aber eine größere Herausforderung als erwartet, all die verschiedenen Gemüsesorten zu bekommen, über die wir schreiben wollten, ganz zu schweigen davon, sie in einer besonders guten Qualität zu bekommen. Noch schwieriger ist es für jemanden, der einfach nur gutes Gemüse kochen und in seinen Alltag einbauen möchte, aber nicht die Zeit hat, direkt mit den Erzeugern zu sprechen oder mit ihnen zusammenzuarbeiten … Wenn möglich, suchen Sie sich einen Hofladen direkt auf einem Bauernhof, der die dort verkauften Waren selbst produziert oder beziehen Sie ihr Gemüse aus Bio-Gemüsekisten, deren Angebot sich inzwischen vervielfacht hat.

BIO-KISTEN

Es gibt diverse Anbieter, die das ganze Jahr über frisches Bio-Gemüse von hoher Qualität im Abonnement anbieten. Das hat den großen Vorteil, dass das Gemüse den Kriterien von regional und saisonal entspricht.

WOCHENMÄRKTE UND BAUERNMÄRKTE

Wochenmärkte in Deutschland haben eine lange Tradition. In vielen Städten finden sie mehrmals pro Woche statt, größere Städte haben meistens mehrere Wochenmärkte in verschiedenen Stadtteilen. Typisch für Wochenmärkte ist das Angebot regionaler Produkte. So werden Wochenmärkte häufig von Landwirten zur Direktvermarktung ihrer Produkte genutzt. Inzwischen werden auch dort immer mehr Bio-Produkte angeboten. Im Gegensatz zum Wochenmarkt sind auf Bauernmärkten nur reine Eigenerzeuger vertreten. Unter https://www.wochenmarkt-deutschland.de finden sich alle Infos rund um die Wochenmärkte in ganz Deutschland.

ONLINE-GEMÜSEHÄNDLER

Es gibt immer mehr Online-Plattformen, die gute Bio-Produkte direkt vom Bauernhof an private Verbraucher verkaufen. Das Gemüse, das diese Online-Shops anbieten, hat oft eine bessere Bio-Qualität als im Supermarkt.

SUPERMÄRKTE

Das sind die Orte, an denen die meisten von uns ihre Lebensmittel kaufen. In einigen von ihnen gibt es Gemüse von hervorragender Qualität, aber die Qualität ist sehr unterschiedlich, und man muss seine Augen, seine Nase und seine Finger benutzen, um jede einzelne Gemüsesorte zu beurteilen. Auf den nachfolgenden Seiten finden Sie Tipps zur Qualitätskontrolle für jedes einzelne Produkt.

GEMÜSEHÄNDLER

Leider gibt es davon immer weniger, denn die Konkurrenz der Supermärkte ist einfach zu stark. Doch gibt es inzwischen auch große Bio-Markt-Ketten, die regionales Bio-Gemüse anbieten. Online kann man sich gut schlau machen, wo kleine Einzelhändler mit gutem Gemüse in der jeweiligen Umgebung zu finden sind.

HOFLÄDEN

Während der Erntesaison gibt es viele Hofverkäufe entlang der Landstraßen. Aber nicht alles ist gleich gut. Wenn möglich, suchen Sie nach Hofläden direkt auf dem Bauernhof, wo die Waren produziert wurden.

GEMÜSELEXIKON

Auf den folgenden Seiten beschreiben wir mehr als 70 verschiedene Gemüsesorten, aber dies ist kein botanisches oder sonstiges wissenschaftliches Nachschlagewerk. Sie werden keine lateinischen Namen oder genaue Artenbeschreibungen finden. Stattdessen finden Sie sinnliche Beschreibungen der optischen und geschmacklichen Schönheit der Pflanzen sowie Empfehlungen für deren gastronomische Verwendung. Wenn Sie eine Gemüsekiste abonniert haben oder auf einem Wochenmarkt von einem schönen Gemüse verführt wurden, können Sie dieses Nachschlagewerk nutzen, um mehr darüber zu erfahren, was Sie in Ihren Händen halten und wie Sie es verwenden können.

WURZELGEMÜSE UND KNOLLEN

1.
2.
3.
3.
2.
4.

STAUDENSELLERIE, KNOLLENSELLERIE UND BLATTSELLERIE

Saison

Blatt- und Staudensellerie: Juli–November
Knollensellerie: frisch geerntet ab September, bis zu starkem Frost, danach mit guten Lagerfähigkeiten

Qualitäts-Check

Blattsellerie sollte tiefgrün sein, Staudensellerie sollte blasser sein, fast gelblich. Beide sollten fest und saftig sein.
Knollensellerie sollte fest und hellbraun sein.

Lagerung

Knollensellerie: an einem dunklen und kühlen Ort Stauden- und Blattsellerie: im Gemüsefach im Kühlschrank

Rezepte

- Sellerie-Tagliatelle mit Buttersauce und Haselnüssen (Seite 233)
- Bohnensalat mit Tomatensauce (Seite 213)

1. Staudensellerie, auch Bleichsellerie genannt. 2. Gelagerter Knollensellerie 3. Früher Sommerknollensellerie 4. Blattsellerie, auch Schnittsellerie genannt

Es ist an der Zeit über die verschiedenen Selleriearten zu sprechen. Obgleich dieses Gemüse seit der Antike ein integraler Bestandteil unserer Esskultur ist, sind die wenigsten in der Lage, es beim richtigen Namen zu nennen. Die verschiedenen Arten von Sellerie stammen alle von derselben Pflanze ab, werden jedoch auf unterschiedliche Weise angebaut und geerntet. Knollensellerie wird mit großem Abstand zwischen den Pflanzen angebaut, damit die Knollen Platz zum Wachsen haben. Sie sind ab etwa September erntebereit und können im Winter in der Erde bleiben. Sie halten sich, ähnlich wie Kartoffeln, monatelang, wenn sie dunkel und kühl gelagert werden. Die Größe des Knollenselleries wird durch den Abstand zwischen den Pflanzen bestimmt. Eine Faustregel besagt, dass kleinere Sellerieknollen in der Regel geschmackvoller sind als größere. Blattsellerie wird in dichteren Reihen angebaut und geerntet, bevor die Pflanze eine große Knolle an der Wurzel entwickelt. Blattsellerie wird in der Regel von Juli bis November geerntet. Der Sellerie, der bei uns am weitesten verbreitet ist, heißt eigentlich Stauden- oder Bleichsellerie. Um Staudensellerie zu erhalten, werden Selleriepflanzen in 30 cm tiefe Gräben gepflanzt. Wenn die Stängel erntebereit sind, werden sie zwei Wochen lang mit Erde bedeckt, bis sie blass und gelblich werden. Dadurch verlieren die Stängel etwas von ihrer Bitterkeit, was viele bevorzugen.

Es heißt, dass Kinder Sellerie nicht mögen, aber hier wird es sich um rohen Blatt- oder Staudensellerie handeln, der leicht bitter schmeckt und in einer Mahlzeit eine Gegenbalance benötigt. Auch roher Knollensellerie hat einen scharfen Geschmack mit Noten von frischgemahlenem Pfeffer. Beim Erhitzen wird er immer süßer, bis er an Karamell und Honig erinnert. Eine der einfachsten und delikatesten Arten, Knollensellerie zu essen, ist daher, ihn in einem Topf mit Salz zu bedecken und ein paar Stunden im Ofen zu backen. Danach ist er weich wie Butter und der Geschmack ist intensiv süß, Kinder lieben das. Stauden- und Blattsellerie sind unverzichtbare Bestandteile der italienischen Gemüsebasis für viele klassische Gerichte, die als »Soffritto« bezeichnet werden. Die drei Farben der italienischen Flagge werden gastronomisch als Staudensellerie, Zwiebeln und Karotten interpretiert. Die Basis wird z. B. für Risotto und Ragù verwendet.

Knollensellerie wird am einfachsten mit einer festen Gemüsebürste gereinigt. Er kann auch mit einem guten Schälmesser geschält werden. Blatt- und Bleichsellerie werden in klarem Wasser gespült, und die Spitzen können bei Bedarf abgeschnitten werden.

1.
2.
3.

BETE ODER RÜBE

Saison
Frisch: Juli–Oktober
Gelagert: September–April

Qualitäts-Check
Die Knollen der neuen Rüben sollten fest und nicht zu groß sein. Die Blätter sollten möglichst frisch und elastisch sein, aber es ist in Ordnung, wenn sie an einem heißen Sommertag etwas schlaff geworden sind. Gelagerte Beten können größer sein, müssen aber beim Pressen ganz hart sein.

Lagerung
Am besten im Gemüsefach des Kühlschranks.

Rezepte
- Rote Bete mit schwarzer Johannisbeerglasur aus dem Restaurant Øens Have (Seite 239)
- Allround-Marinade[2] (Seite 144)
- Bohnensalat mit Tomatensauce (Seite 213)

In diesem Abschnitt geht es vor allem um die Knollen der Bete, während ihre Blätter im Abschnitt Salat behandelt werden.

Beteknollen gibt es in vielen Formen und Farben. Die besten sind klein und rund mit einem schönen Stiel, wie ein Kreisel. Aus der Knolle sprießen glänzende, dicke Blätter mit Stängeln, die zur Farbe der Knolle passen. Sie sind die Flower-Power-Hippies unter den Knollen mit ihren wilden Schattierungen von Gelb, Dunkelrot, Rosa und Bonbonfarben. Die Knolle ragt aus dem Boden und wird von den dicken Blättern geschützt.

Rüben gehören zu den Gemüsesorten, die über den Winter gelagert und gegessen werden können. Dazu werden die Knollen in Kisten mit Sand an einem dunklen und kühlen Ort gelagert. So bleiben sie fest und lecker. Die große Attraktion ist jedoch die frisch ausgegrabene Rote Bete, die von Juli bis Oktober geerntet wird: Ihre kleinen neuen Knollen sind mild, süß und knackig. Sie können wie frische Karotten oder Spargel gekocht werden, um ihre Knackigkeit zu erhalten. Auf diese Weise erhalten sie eine wunderbare Textur und einen guten Geschmack, aber ihr größter Vorteil ist ihre unglaubliche Farbenpracht. Sie bringen Leben auf jeden Teller, was ein guter Grund ist, sie in die meisten Gerichte zu integrieren. Man kann die rohen Rote-Bete-Knollen auch in hauchdünne Scheiben schneiden und auf einem Teller ausbreiten, dann mit einem aromatischen Öl beträufeln und mit Salz und Pfeffer würzen. Dieser kuriose Snack ist knackig, saftig und schön anzusehen.

Die reife Rote Bete eignet sich besser für lange Garzeiten, bei denen sich ihre Süße intensiviert. Wenn sie länger gebacken werden, können sie eine schöne zähe Textur entwickeln, die manche Fleischesser bei vegetarischen Gerichten vermissen. Die gelagerte Rote Bete wird mit der Schale gekocht. Sie können dann zum Beispiel eingelegt werden. Die rote Farbe lässt sich leicht mit Zitronensaft oder einer anderen Säure wie Essig abwaschen.

1. Gelagerte Rote Bete, auch Rote Rübe genannt 2. Frische Rote Bete mit Stiel 3. Gelbe und rotweiß gestreifte Bete

2.
1.
1.
3.
2.

PASTINAKE, PETERSILIENWURZEL UND SCHWARZWURZEL

Saison
September–Mai

Qualitäts-Check
Pastinaken- und Petersilienwurzeln müssen fest und hell sein. Der Schwarzwurzel soll Erde anhaften und sie soll relativ gerade sein.

Lagerung
In einem dunklen und kühlen Raum

Rezepte
- Scharf gebackenes Wurzelgemüse in Chimichurri (Seite 243)
- Allround-Salzlake (Seite 144)

Pastinaken- und Petersilienwurzelpflanzen sind niedrig und dicht und nehmen viel Platz im Beet ein. Die Schwarzwurzel hingegen wirkt eher bescheiden und wild. Es ist auf den ersten Blick schwierig, eine Pastinakenwurzel von einer Petersilienwurzel zu unterscheiden, aber bei genauerem Hinsehen erkennt man, dass die obere Seite der Pastinake in einem Tal steckt, während auf der oberen Seite der Petersilienwurzel ein Hügel sitzt. Außerdem ist die Pastinake typischerweise korpulenter.

Alle drei Pflanzen werden in langen Reihen angebaut und ab September sowie den ganzen Winter über geerntet. Die Wurzeln sind frostbeständig und gehören neben dem Kohl zu den wenigen Gemüsesorten, die auch an den dunkelsten Tagen des Jahres frisch geerntet werden.

Pastinaken sind süß und ähneln Karotten. Sie können etwas mehlig sein und sind im Allgemeinen gut für Suppen geeignet. Petersilienwurzeln haben hingegen einen ausgeprägten Petersiliengeschmack und sind fester als Pastinaken. Beide eignen sich hervorragend zum Fermentieren und auch für eine feinpürierte Creme mit viel Butter, an die sie einen ausgeprägteren Geschmack als z. B. Karotten und Kartoffeln abgeben. Die Schwarzwurzel hat ein anderes, feines Aroma mit Noten von Erbsen und Spargel. Sie wird auch als Spargel des armen Mannes bezeichnet und eignet sich hervorragend zum sanften Kochen mit Butter und etwas Essig mitten im Winter, wenn solche Aromen in weiter Ferne liegen.

Pastinaken und Petersilienwurzeln werden gründlich mit einem Schwamm gewaschen oder geschält, wenn sie lange gelagert wurden. Die Schwarzwurzel ist schwieriger zu verarbeiten, denn ihre dicke braune Schale muss abgeschält werden, um den feinen weißen Kern freizulegen, und auch unter der Schale kann sie schmutzige Rinnen und Löcher aufweisen, die mit einem scharfen Kräutermesser herausgeschabt werden müssen, bevor sie gekocht werden kann. Danach wird sie direkt in Wasser mit Zitronensaft gelegt, um ihre Farbe zu erhalten.

1. Schwarzwurzel 2. Pastinake 3. Petersilienwurzel

1.
2.

KAROTTEN

Saison

Karotten werden von Juni–Oktober geerntet, aber die Wintersorten eignen sich sehr gut für die Lagerung und sind den ganzen Winter über bis in den Mai hinein von hervorragender Qualität.

Qualitäts-Check

Das Wichtigste ist, dass die Karotten hart, knackig und saftig sind. Versuchen Sie, die Karotte in der Mitte zu biegen. Sie darf nicht nachgeben, auch wenn Sie etwas Druck ausüben.

Lagerung

Am besten im Gemüsefach des Kühlschranks. Bei Sommerkarotten sollte das Grün entfernt werden.

Rezepte

- Sommerliche Rohkostplatte mit Petersilienmayonnaise (Seite 229)
- Scharf gebackenes Wurzelgemüse in Chimichurri (Seite 243)
- Gebratene Karotten mit Knoblauch und Fischsauce (Seite 215)
- Allround-Salzlake (Seite 144)

Die Karotte ist eines der ikonischsten Gemüse in unserer Küche, eines der ersten Gemüse, das Kinder benennen und zeichnen können, wir kennen sie als Bugs Bunnys liebsten knackigen Snack, und wenn Sie einen Erwachsenen bitten ein Gemüse zu nennen, wird jeder zweite Karotte sagen. Sie ist länglich, leicht spitz und meist leuchtend orangefarben. Aber Karotten gibt es in vielen Farben: Die ursprüngliche Wildform ist weiß, und es gibt gezüchtete Sorten in lila, orange, schwarz, rosa, gelb und weiß. Die verschiedenen Sorten unterscheiden sich leicht im Geschmack, sorgen aber vor allem für optische Abwechslung.

Karotten werden in langen Reihen in kurzen Abständen voneinander angebaut. Oberirdisch ist die Pflanze leicht, luftig und grün. Unter der Erde ist sie das Gegenteil: dick, kompakt und schreiend orange.

In der Küche sind Karotten eher dafür bekannt, dass sie gesund sind, als dass sie das Wasser im Munde zusammenlaufen lassen. Sie haben eine feste Konsistenz, solange sie nicht zu lange gekocht werden. Sie können aber auch lange gekocht werden, dann sind sie besonders weich und cremig, ohne mehlig zu werden. Der Geschmack ist ungewöhnlich süß. Daher wird die Karotte auch in der süßen Küche häufig verwendet, zum Beispiel in Karottenkuchen. In der herzhaften Küche muss die intensive Süße der gekochten Karotte durch Säure und Salz ausgeglichen werden.

Wenn man eine geschrubbte Karotte in Öl und Salz wendet und dann bei 200 °C etwa 1 Stunde lang backt, wobei man sie regelmäßig dreht, erhält die Karotte eine dunkle Oberfläche, die für eine leichte Bitterkeit sorgt und ein gutes Gegengewicht zu ihrer intensiven Süße bildet.

Frische Karotten können, nachdem sie gründlich von Erde befreit wurden, so gegessen werden, wie sie sind. Die Spitzen können mitverzehrt werden, aber die Stelle, an der sich Wurzel und Grün treffen, muss mit einem Messer gründlich gereinigt werden. Winterkarotten sollten geschält werden.

1. Gelagerte Karotten ohne Grün 2. Frische Karotten mit Grün

TOPINAMBUR

Saison
September–April

Qualitäts-Check
Die Topinambur sollten steinhart sein, wenn man sie mit zwei Fingern zusammendrückt.

Lagerung
In einem dunklen und kühlen Raum

Rezepte
- Topinambur-Pie (Seite 177)

Topinambur ist eine in Nordamerika beheimatete Sonnenblume. Wir essen die Knollen der Pflanze, die wir als Topinambur bezeichnen und die auch als wilde Sonnenblumen bekannt sind. Sie wird in Europa wie Kartoffeln in Reihen angebaut und nach der Blüte im Herbst und den ganzen Winter über bis zum April geerntet, wenn die Knollen neue Triebe haben.

Eine frisch ausgegrabene Topinamburknolle fühlt sich wie Porzellan an, und wenn man sie anschneidet, spaltet man sie mehr, als dass man sie schneidet. Ihre Farbe reicht von frostigem Braun bis hin zu Violett und Rosa. Die Schale ist dick und voller Knoten, Knubbeln und Augen. Unter der rauen Oberfläche ist das Fruchtfleisch fein und von heller Farbe. Die rohe Topinamburknolle ist knackig und süß und erinnert fast an einen frisch gepflückten Apfel, weshalb sie auch als Erdapfel bezeichnet wird. Der Geschmack der Topinambur entfaltet sich aber erst richtig, wenn sie gegart wird. Topinambur ist vielleicht das raffinierteste aller Wurzelgemüse. Es entwickelt einen intensiven nussigen Geschmack, wenn es gekocht wird. Als der Franzose Samuel de Champlain die Pflanze in Europa einführte, stellte er fest, dass sie im Geschmack der Artischocke ähnelt. Deshalb heißt Topinambur im Englischen auch Jerusalem Artichoke. Wenn Sie Topinambur lange backen, mit oder ohne Schale, werden Sie bemerken, dass sich auf dem Backblech eine Lache aus Karamell um sie herum bildet. Die zähe, mit verbranntem Karamell überzogene Schale, die das seidig weiche Innere bedeckt, ist das einzigartige Merkmal dieser Knolle. Es verleiht der Schale fast den Charakter eines gegrillten Kalbsbratens. Rohe Topinamburknollen können in dünne Scheiben geschnitten und in Salaten oder als knackiger Belag verwendet werden. Sie können auch eingelegt und als Beilage verwendet werden. Gekochte Topinambur kann man für Pasteten verwenden oder mit Sahne und Butter zu einer cremigen Suppe verrühren. Topinambur kann auch lange – in Backpapier eingewickelt – gebacken und wie ein Braten mit Salat, Kartoffeln und Sauce gegessen werden.

Leider gibt es keine geheimen Tricks zum Schälen der knorrigen Topinamburknollen. Der beste Rat ist, gerade und glatte Knollen zu wählen und einen guten Sparschäler zu verwenden. Auch ein Teelöffel kann verwendet werden, um die Topinamburknollen in Hohlräumen und an anderen Stellen zu schälen, die der Sparschäler nicht erreicht. Aber denken Sie daran, dass Topinambur auch mit der Schale gut schmeckt. Sie muss nur gründlich geschrubbt werden, um jeglichen Schmutz zu entfernen.

MEERRETTICH

Saison
Wild: Mai–November
Kultiviert: August–Februar

Qualitäts-Check
Die Meerrettichwurzel sollte fest und hart sein, die Schale hell und ohne dunkle Flecken oder Verfärbungen.

Lagerung
Gereinigt im Kühlschrank

Rezept
- Kräuterseitling-Tonkatsu-Sandwich (Seite 167)

Meerrettich erkennt man an seinen großen ovalen Blättern, die dunkelgrün und glänzend sind und sich oft leicht um sich selbst drehen. Im Juni wachsen außerdem an den langen Stielen der Pflanze feine weiße Blüten. Die Wurzel selbst, die man isst, wächst unterirdisch und kann bis zu 60 cm lang werden.

Die Meerrettichwurzel wird im Herbst und Winter aus dem Boden gegraben, wenn die Bodentemperatur es zulässt. Es handelt sich um eine zylindrische Wurzel mit einer hellen bräunlichen Schale. Oft ist die Wurzel ziemlich gerade und ordentlich, aber wenn es sich um wilden Meerrettich handelt, ist es wahrscheinlicher, dass sie sich in der Erde gewunden hat und Knicke und Biegungen aufweist.

Der Geschmack ist scharf und kräftig und erinnert oft an starken Dijon-Senf. Sie erhalten weitaus mehr Intensität und Geschmack des Meerrettichs, wenn Sie die ganze Wurzel kaufen und sie für den Gebrauch jeweils frisch reiben. Vermeiden Sie daher nach Möglichkeit die kleinen Becher und Gläser mit vorgeriebenem Meerrettich, die immer deutlich schwächer im Geschmack sind und denen es an der notwendigen Schärfe fehlt. In der Küche beginnen Sie damit, die Meerrettichwurzel zu reinigen und zu schälen, bevor Sie sie auf einer scharfen feinen Reibe reiben. Wenn Sie eine Saftpresse haben, lässt sich Meerrettichsaft hervorragend in einer Vinaigrette verrühren oder mit Sahne zu einem Dressing verarbeiten. Da Meerrettich schnell an Kraft verliert, sollten Sie ihn erst ganz kurz vor dem Servieren reiben.

2.
2.
3.
1.
5.
6.
4.
1.
7.
3.
8.

KARTOFFELN

Saison
Die frühesten Sorten wie Soloist und Annabelle können etwa ab Mai geerntet werden, andere Sorten erst ab August. Viele Kartoffelsorten profitieren aber von einer dunklen und kühlen Lagerung und schmecken ab dem Januar. Frühkartoffeln aus Südeuropa sind ab Anfang April erhältlich. Aber warten Sie auf die heimischen und genießen Sie die Wintersorten noch ein wenig länger.

Qualitäts-Check
Neue Kartoffeln sollten steinhart sein, und die erdige und schuppige Schale sollte sich leicht mit dem Fingernagel abschrubben lassen. Gelagerte Kartoffeln sollten etwas weicher, aber nicht zu weich sein. Neue und gelagerte Sorten sollten eine möglichst gleichmäßige Oberfläche und nicht zu viele Beulen haben.

Lagerung
In einem dunklen und kühlen Raum. Wintersorten können im Prinzip monatelang im Gemüsefach des Kühlschranks aufbewahrt werden.

Rezepte
- Dum Biryani (Seite 181)
- 50:50 Kartoffelpüree (Seite 217)
- Rahmkartoffeln mit Chorizo (Seite 171)
- Gegrilltes Gemüse mit Hollandaise (Seite 169)

Die Kartoffel ist das alltäglichste aller Gemüse und gleichzeitig das unglaublichste. Das Wichtigste, was man über die Kartoffel sagen kann, ist, dass es keinen Sinn macht, von einer Kartoffel als einer einzigen Gemüsesorte zu sprechen. Es gibt etwa 200 verschiedene Kartoffelsorten, die alle ihre eigene Textur und ihren eigenen Geschmack haben.

Es gibt Kartoffelsorten, die am besten im Sommer, etwa ab Mai, geerntet und sofort verzehrt werden. Diese kennen und lieben wir als Frühkartoffeln. Dazu gehören Sorten wie Soloist, Annabelle, Elfe und Marabel. Dann gibt es Sorten wie Belana und Allians, die am Ende des Sommers geerntet und in große Holzkisten kommen, wo sie monatelang an einem dunklen, kühlen Ort gelagert werden, bevor sie in den Verkauf kommen. Sie haben eine schöne dunkelgelbe Farbe, einen tiefen und intensiven Geschmack und eine köstlich cremige Konsistenz. Kartoffeln sind also nicht nur im Sommer, sondern fast das ganze Jahr über ein kulinarisches Highlight.

Am besten bereiten Sie frisch geerntete Kartoffeln wie folgt zu: Legen Sie sie in einen Eimer mit Wasser, um sie dann im Freien, zum Beispiel bei einem kühlen Bier, mit einer steifen Bürste gründlich zu schrubben. Dann legen Sie die glatten gelben Kartoffeln in einen Topf mit Wasser, reichlich Salz und den Kräutern, die Sie gerade zur Hand haben, wie Holunderblüten, Kresse, Dill oder Liebstöckel. Sobald das Wasser kocht, stellen Sie eine Zeitschaltuhr auf 10 Minuten, nehmen den Topf dann vom Herd und lassen die Kartoffeln weitere 5 Minuten im heißen Wasser ruhen. Dann mit einem Küchenmesser prüfen, ob die Kartoffeln weich sind. Salzkartoffeln können einfach mit kalter Butter, Mayonnaise oder einer Sauce auf Butterbasis gegessen werden.

Winterkartoffeln eignen sich auch hervorragend als Salzkartoffeln, zum Beispiel mit einer Aioli, sie können aber auch als Pommes frites frittiert oder im Ofen gebacken werden.

Kartoffeln gehören zu den Produkten, bei denen wir uns kaum Gedanken über den Geschmack nachdenken. Doch wie würde uns eine Kartoffel schmecken, wenn sie so selten wäre wie ein Trüffel? Ihre Textur ist so cremig wie eine Othello-Schichttorte, ohne dabei auch nur ein bisschen mehlig zu sein. Ihr Geschmack ist so intensiv wie frisch gestochener weißer Spargel. Es ist ein vielschichtiges Produkt, wenn man nur genauer hinsieht bzw. schmeckt.

1. Gelagerte Belana 2. Gelagerter Blauer Kongo 3. Gelagerte Lily Rose 4. Gelagerte Celebration 5. Frisch ausgegrabener Solist 6. Gelagerte Backkartoffel 7. Gelagerte Rote Emmelie 8. Gelagerte Allians

KOHL

1.
3.
2.
8.
4.
7.
6.
5.
7.
8.

SPITZKOHL, ROTKOHL, WEISSKOHL UND WIRSING

Saison
Der Kohl treibt im April aus, Kohlköpfe gibt es ab Ende Juni. Einige Sorten werden im Winter, andere im Herbst geerntet.

Qualitäts-Check
Sommerkohl sollte frische knackige Blätter haben. Im Winter können sie lockerer und dunkler sein, aber immer grün in der Farbe und frisch im Duft. Bei Spitzkohl sind nicht zu feste Köpfe, also mit etwas Luft zwischen den Blättern, vorzuziehen.

Lagerung
Am besten im Gemüsefach des Kühlschranks

Rezepte
- Gegrilltes Gemüse mit Hollandaise (Seite 169)
- Kräuterseitling-Tonkatsu-Sandwich (Seite 167)
- Okonomiyaki aus dem Waffeleisen (Seite 197)
- Kimchi (Seite 140)

1. Sommerweißkohl 2. Rotkohlblüten 3. Wirsing 4. Sommerrotkohl 5. Rotkohlsprossen, 6. Spitzkohlsprossen 7. Spitzkohl 8. Frühwirsing

Viele Kohlsorten sind frosttolerant und können das ganze Jahr über geerntet werden. Die Sorten, die keinen Frost vertragen, können über den Winter gelagert werden. Spitzkohl und Wirsing können etwas Frost vertragen und sind daher auch im Winter erntefrisch erhältlich, es sei denn, der Frost ist wirklich schlimm.

Aber es gibt einen Unterschied zwischen Sommerkohl und Winterkohl, und in den Frühlingsmonaten werden nur die Blütentriebe (Kohlsprossen) geerntet. Wenn der Frühling kommt, findet in den Kohlbeeten eine erstaunliche Entwicklung statt. Aus den alten Kohlpflanzen, die den kalten Winter überstanden und dicke, dunkelgrüne Blätter bekommen haben, sprießen neue, hellgrüne Blätter, die in Dänemark zusammen mit Bärlauch als erstes geerntet werden. Sie sind weich, süß und leicht bitter. Sie können ab Anfang April etwa einen Monat lang geerntet werden, und in dieser kurzen Zeit bilden sie eine fantastische Delikatesse. Wenn die Kohlsprossensaison vorbei ist, dauert es noch einige Monate, bis die ersten zarten ganzen Kohlköpfe geerntet werden können. Diese sind weicher in der Konsistenz, süßer und etwas weniger bitter im Geschmack als ihre späteren Wintersorten. Aber Kohl gehört zu den Pflanzen, die frisch geerntet das ganze Jahr über gut schmecken.

Kohlköpfe, wie die auf dieser Seite beschriebenen, machen eine unglaubliche Geschmacksreise durch, wenn sie gekocht werden. Rohe Kohlköpfe sind frisch und scharf im Geschmack und haben eine knackige Textur. Wenn er gekocht wird, wird er weich und entwickelt einen starken, leicht schwefeligen Geruch. Frittiert man Kohl oder brät ihn scharf in Öl an, duftet die ganze Küche wiederum nussig. Ein Schuss frische Zitrone, geschmolzene Butter, geröstete Nüsse oder geriebener Käse geben dem Kohl in jeder Zubereitung den letzten Schliff.

Der Spitzkohl verdient eine besondere Erwähnung, denn er ist eines der besten Gemüse, das in Dänemark angebaut werden. Er wird fast das ganze Jahr über geerntet, ist preiswert, lange haltbar und schmeckt fantastisch, fast unabhängig davon, wie er zubereitet wird.

Da Kohlköpfe oft dicht am Boden wachsen, kann sich zwischen den Blättern viel Erde festsetzen, die sich nur schwer auswaschen lässt. Am einfachsten ist es, die Blätter zu pflücken, wenn man sie im Ganzen verwenden möchte, oder sie etwas auszubreiten, bevor man sie in eine große Schüssel mit Wasser legt. Trocknen Sie den Kohl stets gründlich ab, bevor Sie ihn kochen.

1.
2.
3.
4.

BROKKOLI UND BABY-BROKKOLI, BLUMENKOHL UND ROMANESCO

Saison

Blumenkohl: in Nordeuropa von Juni–November, in Südeuropa ganzjährig
Brokkoli und Baby-Brokkoli: in Nordeuropa von Mittsommer bis zum Frost, in Südeuropa ganzjährig
Romanesco: in Nordeuropa von Mittsommer bis zum Frost, in Südeuropa ganzjährig

Qualitäts-Check

Die Farbe darf nicht verblasst sein, und das Gemüse darf sich nicht weich anfühlen.

Lagerung

Am besten im Gemüsefach des Kühlschranks

Rezepte

- Im Ofen gebratener Blumenkohl à la Miznon (Seite 153)
- Gegrilltes Gemüse mit Hollandaise (Seite 169)

Bei diesen Kohlsorten isst man die Blüten. Es sind große Knollen, die von breiten, trägen Blättern umgeben sind. Blumenkohl ist besonders schwierig zu züchten und sehr temperaturempfindlich. Brokkoli und Baby-Brokkoli sind etwas weniger empfindlich und können auch Frost vertragen. Romanesco ist eine Art Kreuzung zwischen den beiden und verträgt nur sehr milde Fröste. Er ist fest wie Blumenkohl, auch an der Spitze, und behält beim Kochen seine schöne Farbe.

Die drei Arten sind sich geschmacklich sehr ähnlich, unterscheiden sich vor allem durch ihre Textur und ihr Aussehen. Brokkoli und Baby-Brokkoli unterscheiden sich von den anderen beiden Arten vor allem dadurch, dass die Oberseite porös wird. In der Küche bedeutet dies, dass sie schonender gegart werden müssen, da sie sonst durch Verbrennen bitterer werden. Baby-Brokkoli ist eine gezüchtete Sorte, die kleinere Köpfe als Brokkoli hat, aber der Stiel ist weich und muss nicht geschält werden. Im Winter ist er ein herrliches Sommergemüse, das ähnlich wie Spargel verwendet werden kann.

Blumenkohl lässt sich gut in einem Topf oder im heißen Ofen lange garen, sodass seine Konsistenz butterweich und der Geschmack intensiv und konzentriert wird.

Blumenkohl ist selten sehr schmutzig und kann leicht unter fließendem Wasser gereinigt werden. Der Strunk von Brokkoli ist köstlich, aber manchmal muss man die äußere Schicht abziehen. Auch die Blätter des Kohls sind schmackhaft, wenn man sie ergattern kann. Spülen Sie sie vor dem Kochen einfach gründlich ab, um jegliche Verschmutzung zu entfernen.

1. Baby-Brokkoli, auch Broccolini genannt, 2. Blumenkohl 3. Romanesco 4. Brokkoli

1.
2.

ROSENKOHL UND FLOWER SPROUTS

Saison
Oktober–Februar

Qualitäts-Check
Der Rosenkohl muss beim Zusammendrücken fest sein und darf nicht gelb, sondern grün (bei Flower Sprouts violett) sein.

Lagerung
In einem dunklen und kühlen Raum. Die äußersten Blätter können schnell welken. Schälen Sie sie einfach ab, bis Sie zum frischen Teil des Kohls kommen.

Rezept
- Frittierter Rosenkohl à la Momofuko (Seite 211)

1. Flower Sprouts 2. Rosenkohl

Rosenkohl wächst als rundes, dicht gedrängtes Röschen an dicken Stielen, die bis zu einem Meter hoch werden können. Die Röschen wachsen über die gesamte Länge des Stängels mit geringem Abstand zueinander, und an der Spitze des Stiels entfalten sich große Blätter wie ein Schirm, der die langen Knospen bedeckt. Diese Blätter sind ebenfalls essbar, haben aber mehr Struktur als Grünkohl.

Flower Sprouts sind eine relativ neue Züchtung. Das britische Saatgutunternehmen, das die Pflanze entwickelt hat, hat Berichten zufolge mehr als 10 Jahre gebraucht, um das gewünschte Ergebnis zu erzielen. Es handelt sich um eine Kreuzung aus Rosenkohl und Grünkohl, mit leicht nussigem Geschmack. Sie sehen aus wie locker geöffnete Rosenkohlsprossen, die auch an einem langen Stiel wachsen, oft mit grün-violetter Färbung.

Durch manuelle Züchtung entwickelt und nicht gentechnisch verändert, ist roher Rosenkohl eine der bittersten Kohlsorten, weshalb viele Kinder ihn fürchten. Werden die Blätter einzeln abgezupft und zum Beispiel in einem Salat verwendet, ist die Bitterkeit weniger intensiv. Kochen Sie den Kohl nur kurz, damit er seinen Biss und seine Frische behält. Wenn er zu lange gekocht wird, wird die Textur weich und schlapp und der Kohl entwickelt einen schwefeligen Geruch. Am besten schmeckt Rosenkohl, wenn er halbiert und in reichlich Butter oder Olivenöl kräftig angebraten wird. Dabei entwickelt er, wie andere Kohlsorten auch, einen herrlich nussigen Geschmack und die Bitterkeit wird dezenter. Würzen Sie den gebratenen Kohl mit geriebener Zitronenschale, reichlich Flockensalz und Olivenöl. Servieren Sie das grüne Gericht als Beilage zu einem guten Stück Fleisch oder zu schwereren Gemüsegerichten wie einer Pissaladière (Seite 173) oder einem Hasselback-Butternut (Seite 187). Ein einfaches Gericht, das sommerlich wirkt, auch wenn es am besten mitten im Winter serviert wird.

Flower Sprouts sind weniger bitter im Geschmack und luftiger in der Konsistenz als Rosenkohl. Sie können auf die gleiche Weise verwendet werden, brauchen aber weniger Zeit zum Kochen und müssen nicht abgezupft oder geschnitten werden.
Das Abzupfen der einzelnen Rosenkohlblättchen ist eine zeitaufwändige, aber lohnende Arbeit. Am einfachsten ist es, wenn Sie die Basis der Rosette mit einem Kräutermesser einschneiden und die Blätter mit den Fingernägeln einzeln abziehen. Wenn Sie Rosenkohlblättchen gekocht haben, legen Sie diese sofort nach dem Kochen in Eiswasser, sonst werden sie bitter.

PAK CHOI

Saison
Von August bis zum Frost

Qualitäts-Check
Sollte am Stiel fest und an den Blättern nicht welk sein

Lagerung
Am besten im Gemüsefach des Kühlschranks

Rezept
- Congee mit Shiitake, Pak Choi und knusprigem Spiegelei (Seite 193)

Pak Choi wachsen aus kleinen saftigen Köpfen, die wie ein Springbrunnen aus dem Boden schießen. Die Sorte stammt ursprünglich aus Asien, wird aber auch in Nordeuropa angebaut. Obwohl Pak Choi zu den Kohlsorten gehört, hat er in Bezug auf Textur und Geschmack mehr mit Mangold als mit Grünkohl gemein. Seine Stiele sind besonders saftig und werden beim Kauen als kleine Wasserexplosionen im Mund empfunden. Deshalb karamellisiert er auch nicht so leicht wie andere Kohlsorten, selbst wenn er sehr heiß gebraten wird.

Eine der besten Arten, Pak Choi zu genießen, besteht darin, ein paar kleine Köpfe zu halbieren und in etwas neutralem Öl in einer sehr heißen Pfanne anzubraten, nach einer Minute einen Spritzer Wasser hinzuzufügen und weitere 30 Sek. weiterbraten. Dann zwei EL würziges Chili-Öl, etwas feingeriebenen Knoblauch, einen EL dünne Sojasauce und einen EL Essig hinzufügen. Eine weitere Minute kochen lassen und dabei den Kohl in der Pfanne schwenken, um ihn mit der Sauce zu überziehen. Der heiße Kohl wird sofort serviert, und es ist bemerkenswert, wie saftig er ist, wenn man in den von der intensiven Sauce umhüllten Pak Choi hineinbeißt.

Es ist wichtig, den Pak Choi gründlich zu waschen, da er in Bodennähe wächst und oft viele Erdreste enthält. Am besten legt man den frischen Pak Choi in eine Schüssel mit reichlich Wasser und lässt ihn dort einige Minuten stehen. Durch das Einweichen wird die Erde gelockert und kann nun leicht abgewaschen werden, indem man sie mit dem Kopf nach oben gut schüttelt.

1.
2.
3.
1.
4.
5.
1.
6.
7.

STECKRÜBEN, RETTICH, KOHLRABI, SPEISERÜBEN, RADIESCHEN UND DAIKON

Saison

Steckrübe: September–Mai
Rettich: September–November
Kohlrabi: Sommerkohlrabi von Juni–Oktober, Winterkohlrabi von Dezember–Mai
Speiserüben und Radieschen können ab etwa April bis in den Sommer hinein geerntet werden
Daikon kann vom Sommer bis in den Herbst hinein geerntet werden

Qualitäts-Check

Das Wichtigste bei all diesen Gemüsesorten ist, dass sie sehr fest sein und frisch duften müssen. Bei Sommersorten sollten auch die Blätter frisch duften und zart sein.

Lagerung

Am besten im Gemüsefach des Kühlschranks

Rezepte

- Bete-Tarte mit Granatapfelkernen (Seite 201)
- Som-Tam-Papayasalat mit Kohlrabi (Seite 209)
- Sommerliche Rohkostplatte mit Petersilienmayonnaise (Seite 229)

1. Radieschen, unten Weißpunktradieschen 2. Kohlrabi 3. Steckrübe 4. Speiserübe 5. Daikon 6. Rettich 7. Violetter Kohlrabi

Bei all diesen Gemüsesorten schaut ein Teil wie ein kleiner Kopf aus dem Boden. Oben auf den Köpfen wachsen lange grüne Blätter wie eine widerspenstige Haartolle. Sowohl die Blätter als auch die Stängel sind essbar, obwohl Radieschenblätter etwas langweilig schmecken. Wie die anderen Mitglieder der Kohlfamilie können auch Rettich, Steckrübe und Kohlrabi fast das ganze Jahr über geerntet werden. Die Sommersorten sind süßer und weicher in der Konsistenz, während die Wintersorten kräftiger im Geschmack und etwas bissfester sind. Radieschen und Rüben hingegen sind Sommergemüse, die erst Mitte April reif sind und den Rest des Sommers geerntet werden.

Kohlrabi, Steckrübe oder Rettich sind knackig und saftig wie Äpfel. Sie eignen sich hervorragend, um sie mit einer Mandoline in dünne Scheiben zu schneiden und als Salat zu verwenden, allerdings mit mehr Textur. Sie können auch in kleine Würfel oder dünne Stifte geschnitten und eingelegt werden. Sie eignen sich hervorragend als nordische Alternative zu unreifen Papayas im fantastischen thailändischen SomTam (Papayasalat).

Radieschen und Speiserüben eignen sich großartig zum Einlegen oder Fermentieren, ihre leuchtend rosa Farbe gibt den meisten Salaten ein neues Gesicht. Sie sollten sie gründlich in einer Schüssel mit viel Wasser abspülen. Trocknen Sie sie dann vorsichtig mit einem Geschirrtuch ab, aber lassen Sie die Blätter dran. Legen Sie einen guten Räucherkäse auf einen tiefen Teller und stecken Sie die Radieschen in den Weichkäse, als wäre es Muttererde. Mit Salz bestreuen und eine halbe Zitrone darüber auspressen. Die vielleicht am schnellsten zubereitete Vorspeise der Welt.

Kohlrabi, Rettich und Steckrüben sollten mit einem dünnen Sparschäler oder einem scharfen Küchenmesser geschält werden. Wie viel man abschält, hängt vom Zeitpunkt der Ernte ab. Je weiter der Winter fortgeschritten ist, desto mehr muss entfernt werden. Die äußere Schicht ist zäh und holzig, kann aber zusammen mit anderen Schalen und Stängeln für ein grünes Öl (Seite 137) aufbewahrt werden. Dann können Sie das Gemüse nach Belieben schneiden. Denken Sie daran, auch die Blätter zu verwenden.

Radieschen und Speiserüben müssen nicht geschält, sondern nur gewaschen werden, um Erde und Schmutz zu entfernen. Die Blätter können für ein grünes Öl aufbewahrt werden (Seite 137).

1.
2.
3.
4.
5.
6.

PALMKOHL UND GRÜNKOHL

Saison
Palmkohl und Grünkohl: Juli–Februar
Kohlsprossen: April

Qualitäts-Check
Die Blätter sollten grün und knackig sein – nicht welk

Lagerung
In einem dunklen und kühlen Raum

Rezepte
- Grüne Winterrigatoni (Seite 189)
- Helenes cremige Kürbissuppe (Seite 179)

Grünkohl und Palmkohl sind beides Varianten des Gemüsekohls, und sie wachsen wie Miniaturpalmen auf dem Feld.

Roh können sie etwas zäh sein, es sei denn, es handelt sich um die sehr zarten frühen Triebe. Ihre Qualitäten werden erst durch das Kochen hervorgehoben. Wenn Grünkohl blanchiert wird, ändert sich seine Farbe vom staubigen Dunkelgrün, das er in seiner rohen Form hat, zu einem glänzend intensiven tiefen Grün. Er wird auch weicher in der Textur, behält aber eine gewisse Härte, die ihn besonders geeignet macht, um Gerichten, die sonst sehr weich sind, Struktur zu verleihen. Das wahre kulinarische Erlebnis mit Grünkohl und Palmkohl wird jedoch erst durch einen zweiten Garprozess erreicht. Durch extrem heißes Braten in Öl entwickelt der Kohl seinen zarten süßlich-nussigen Geschmack. Diese Garmethode ist so wirkungsvoll, dass Sie den Kohl so zubereitet eine Zeitlang in wohl jedem dänischen Restaurant, das sich der Neuen Nordischen Küche verschrieben hat, als saisonale Beilage finden konnten. Der gebratene Kohl kann zum Beispiel mit abgeriebener Zitronenschale, geriebenem Vesterhavs-Käse (oder altem Gouda) und geröstetem Buchweizen serviert werden.

Die Kohlblätter werden vom harten Strunk abgezupft, bevor sie in reichlich Wasser getaucht und mehrmals abgewaschen werden. Denken Sie daran, den Kohl vor dem Braten gründlich zu trocknen.

1. Grünkohlblüte 2. Grünkohl am Stiel 3. Roter Grünkohl 4. Palmkohl 5. Grünkohl 6. Blühender Roter Grünkohl

PILZE

1.
1.
2.
3.
2.

ZUCHTCHAMPIGNONS

Saison
Das ganze Jahr über

Qualitäts-Check
Die Pilze sollten fest sein und keine Beulen oder weiche Stellen aufweisen.

Lagerung
Am besten im Gemüsefach des Kühlschranks

Rezepte
- Spicy Miso Ramen (Seite 163)
- Dum Biryani (Seite 181)
- In Öl eingelegte Pilze (Seite 141)

Champignons kommen wild in der Natur vor, aber alle Champignons, die Sie in den Geschäften finden, sind gezüchtet. Sie werden oft auf Kompost und Pferdemist in dunklen Räumen gezüchtet, in denen Temperatur und Feuchtigkeit kontrolliert werden. Im Gegensatz zu anderen Gemüsesorten, die in einer unnatürlichen Umgebung gezüchtet werden, um hohe Erträge zu erzielen, sind Champignons, die auf diese Weise gezüchtet werden, oft ein köstliches Geschmackserlebnis.

Der rohe Champignon wird in der Küche eher unterschätzt. Er riecht würzig und frisch zugleich, und es kann fast berauschend sein, seinen Duft einzuatmen. Schneiden Sie ihn auf einer Mandoline in dünne Scheiben, und servieren Sie ihn zum Beispiel als Topping auf in Butter gebratenem Gemüse. Aber Pilze zeigen sich von ihrer allerbesten Seite, wenn sie gegart werden. Ein wichtiger Teil des Kochvorgangs beginnt hier mit der Reinigung. Frische Champignons sollten auf keinen Fall mit Wasser gewaschen werden, da sie das Wasser aufsaugen und dann nur schwer knusprig werden. Stattdessen säubert man den Pilz mit einem Schälmesser, mit dem man die Erdpartikel abkratzt. Anschließend wird die verschmutzte Wurzel mit dem Messer entfernt, bevor der Pilz wie gewünscht in Scheiben geschnitten wird. Anschließend wird der rohe Pilz bei möglichst großer Hitze in reichlich hitzebeständigem Fett, z. B. Pflanzenöl, gebraten. Die Champignons sind fertig, wenn sie eine goldbraune Farbe haben und etwas geschrumpft sind.

Sie werden nicht so knusprig wie etwa Pommes frites oder Tempura. Sie haben eine ganz eigene Knackigkeit, mit einer besonders befriedigenden Textur. Sie gehören zu den wenigen Gemüsesorten, die diese spezielle Textur, die in der Fleischwelt sehr verbreitet ist, erreichen können; daher sind Pilze ein beliebter Fleischersatz für all diejenigen, die ihren Fleischkonsum einschränken wollen.

1. Zuchtchampignons 2. Große Rosa Zuchtchampignons (Portobello) 3. Zuchtchampignons

1.
1.
2.
3.

AUSTERNPILZE, SHIITAKE UND KRÄUTERSEITLINGE

Saison
Das ganze Jahr über

Qualitäts-Check
Die Pilze sollten fest sein und keine Beulen oder weichen Stellen aufweisen.

Lagerung
Am besten im Gemüsefach des Kühlschranks

Rezepte
- Spicy Miso Ramen (Seite 163)
- Dum Biryani (Seite 181)
- Kräuterseitling-Tonkatsu-Sandwich (Seite 167)
- In Öl eingelegte Pilze (Seite 141)

Austernpilze, Shiitakepilze und Kräuterseitlinge werden in allem Möglichem gezüchtet, vom Kaffeesatz bis zu Holzspänen. Unter anderem auch in geschlossenen Behältern, in denen die Pilze in mehreren Etagen auf mit Sägemehl oder Stroh gefüllten Säcken wachsen. Es gibt auch viele Bausätze für die Pilzzucht zu Hause.

Austernpilze sind poröse Pilze, die aus einer Reihe von Flügeln bestehen, die außen glatt und innen gerillt sind. Der Kräuterseitling ist fast das Gegenteil davon. Er besteht aus einem dicken weißen Stiel und einem Kopf, der viel zu klein für ihn zu sein scheint. Der Shiitake ähnelt in seiner Form einem Champignon, hat aber einen dünneren Stiel und einen flacheren Kopf.

Da diese Pilze nicht wie Champignons in der Erde oder im Kompost wachsen, brauchen Sie sie vor dem Kochen nicht zu reinigen. Austernpilze können entlang der Rillen in mundgerechte Stücke gerissen werden, bevor sie scharf angebraten werden. Die Besonderheit der Kräuterseitlinge besteht darin, dass sie ihre Struktur und Größe weitgehend beibehalten, wenn sie gegart werden, z. B. durch langes Braten bei niedriger bis mittlerer Hitze in einer Pfanne mit viel Butter, Knoblauch und Kräutern. Den Pilz während des Kochens immer wieder mit Butter übergießen, bis er Farbe genommen hat und sich zart anfühlt. Essen Sie ihn dann wie ein Stück gebratenes Fleisch. Der Shiitake ist einer der schmackhaftesten Pilze und ein Genuss, wenn er gedünstet wird, in Nudelgerichten, in Tartes oder auf Bruschetta.

1. Shiitake 2. Kräuterseitling 3. Austernpilze

1.
2.
3.
4.
5.
4.
6.
7.
8.
9.
10.
11.
12.
13.
14.
15.
16.
17.
18.
19.
20.

WILDPILZE

Saison

Wildpilze sind das ganze Jahr über erhältlich, vor allem aber in den Herbstmonaten

Qualitäts-Check

Es gibt viele verschiedene Wildpilze. Einige sind essbar, andere sind hochgiftig. Am besten lassen Sie Ihre gesammelten Pilze in einer Pilzberatungsstelle begutachten

Lagerung

Am besten im Gemüsefach des Kühlschranks

Rezepte

- Spicy Miso Ramen (Seite 163)
- Dum Biryani (Seite 181)
- Kräuterseitling-Tonkatsu-Sandwich (Seite 167)
- In Öl eingelegte Pilze (Seite 141)

1. Grüngefeldertee Täubling 2. Perlpilz o. Rötender Wulstling 3. Pfifferling 4. Flockenstieliger Hexen-Röhrling 5. Gold-Röhrling 6. Echter Rotfußröhrling 7. Langstieliger Knoblauchschwindling 8. Honiggelber Hallimasch 9. Hahnenkamm-Koralle 10. Semmel-Stoppelpilz 11. Krause Glucke 12. Netzstieliger Hexen-Röhrling 13. Austernpilz 14. Frauen-Täubling 15. Gemeiner Birkenpilz 16. Gemeiner Steinpilz 17. Trompetenpfifferling 18. Wiesenchampignon 19. Langstieliger Pfeffer-Milchling 20. Gemeiner Klapperschwamm o. Maitake

Wildpilze können sehr unterschiedlich aussehen. Es gibt sie in allen möglichen Farben und Formen. Viele Pilze haben eine Art Stiel mit einer Art Hut auf der Spitze, aber nicht alle Pilze folgen diesem Rezept. Manche hängen wie Plateaus an Baumstämmen, andere bedecken den Boden wie weiße Mähnen in weichen Formen.

Wildpilze unterscheiden sich von fast allen anderen Zutaten in diesem Buch dadurch, dass sie nicht gezüchtet werden können. Wir halten es dennoch für wichtig, sie mit einzubeziehen, da sie in der Natur relativ leicht zugänglich sind und einige von ihnen auch gesammelt und in Gemüseläden oder auf dem Markt verkauft werden.

Wildpilze haben jeweils ihr eigenes, einzigartiges Aroma, aber die meisten von ihnen haben gemeinsam, dass sie durch den Ort, an dem sie wachsen, geprägt sind. Sie verleihen den Gerichten, in denen sie verwendet werden, einen deutlichen Waldduft und -geschmack. Es ist eine Nuance, die schwer anders zu beschreiben ist, als dass sie an den Wald erinnert. Ein Aroma, das dicht und feucht ist, einen Hauch von Fäulnis haben kann, aber nicht auf unangenehme Weise. Manchmal kann es auch zu aufdringlich sein kann. Daher sollte man oft eine geringere Menge an Wildpilzen in einem Gericht verwenden als es bei gezüchteten Pilzen der Fall ist.

Es ist ein besonderes Erlebnis, am Tag nach einem Regenguss im Wald spazieren zu gehen und nach den gelben Stellen Ausschau zu halten. Pfifferlinge stehen fast wie kleine Straßenlaternen auf dem Waldboden entlang von Moosstraßen. Später muss man dann stundenlang geduldig die unmögliche Aufgabe lösen, mit einer steifen Bürste die Erde aus den feuchten Pfifferlingsrillen zu entfernen. Dann braten wir sie in einer Pfanne mit dickem Boden knusprig an, um sie danach mit Sahne wieder weich zu machen. Sehen Sie zu, wie die Sahne um die Pilze herum eindickt, würzen Sie sie mit Flockensalz und eingelegten Frühlings-Bärlauchkapern (Seite 140) und essen Sie sie schließlich auf Toast.

In vielerlei Hinsicht macht die Zubereitung von Wildpilzen viel Arbeit, z. B. weil sich fast alle Wildpilze nicht gut reinigen lassen, aber es ist Arbeit, die sich lohnt. Wiederstehen Sie jedoch die Versuchung, sie mit Wasser abzuspülen, und akzeptieren Sie stattdessen, dass ein Stück des Waldbodens in Ihre Küche – und in Ihren Mund – eingeladen wird. Das alles trägt zu dem Waldgeschmack bei, der für Wildpilze so einzigartig ist.

HÜLSENFRÜCHTE

GRÜNE ERBSEN

Saison
Juni–September

Qualitäts-Check
Die Erbsenschoten sollten grün sein und sowohl fest als auch saftig erscheinen. Die Erbsen sollten eine klare hellgrüne Farbe haben, sie dürfen nicht blass oder hart sein.

Lagerung
Am besten im Gemüsefach des Kühlschranks

Rezepte
- Cremige Perlgraupen mit Spinat, Erbsen und Favabohnen (Seite 175)
- Grüner Salat mit Erbsen (Seite 235)

Die Erbsenpflanze windet und dreht sich und wird bis zu zwei Meter hoch. Aus den Zweigen der Pflanze wachsen längliche grüne Schoten, die am Ende meist leicht gebogen sind und eine dünne Innenhaut haben, die sie zum Kochen ungeeignet macht. In den Schoten wachsen große hellgrüne Samen, die unreif gegessen und Erbsen genannt werden. Grüne Erbsen sind nicht zu verwechseln mit Platterbsen oder mit Zuckererbsen, deren Hülsen keine Innenhaut haben und daher gut zum Verzehr geeignet sind.

Grüne Erbsen werden in Nordeuropa ab April angebaut und von Juni über den Sommer bis in den September hinein geerntet. Aufgrund ihrer Höhe und der dünnen gewundenen Ranken wird die Erbsenpflanze typischerweise an Zäunen, Mauern oder ähnlichem angebaut, an denen sie sich mit ihren Ranken festhält.

Frisch gepflückte Erbsen sind süß und leicht knackig, ohne hart oder zäh zu sein. Sie können in der dünnen Schale auch eine dezente Kräuterbitterkeit haben, aber die frische Süße sollte nie von Bitterkeit überlagert werden. Erbsen schmecken am besten, wenn sie gerade geerntet wurden. Deshalb schmeckt man den Unterschied zwischen Erbsen, die man entweder im eigenen Garten angebaut oder selbst gepflückt hat, und solchen, die man in Plastikschalen im Supermarkt findet, da sie innerhalb weniger Tage sehr stark an Geschmack verlieren.

Frische grüne Erbsen können direkt aus der Schote gegessen werden und sind einer der besten frischen Sommersnacks. Ein paar Handvoll frischgepalter grüner Erbsen geben jedem grünen Salat einen süßen sommerlichen Kick, und sie passen auch hervorragend zu einem anderen Sommerliebling, nämlich einem Kartoffelsalat aus neuen Kartoffeln. Erbsen eignen sich auch gut für Frikassees oder für die klassische französische Beilage, bei der sie in etwas Wasser und Butter mit Zwiebeln und Speck ganz leicht glasiert und dann mit frischgehackten grünen Salatblättern vermischt werden. Erbsen brauchen eine sehr kurze Garzeit und sollten nur kurz erhitzt werden, damit sie ihre frische knackige Süße und ihren Biss behalten.

Grüne Erbsen können bereits ab April frisch in Supermärkten gekauft werden, aber in den ersten Monaten handelt es sich um importierte Erbsen und die haben keineswegs die gleiche Frische wie heimische Erbsen. Außerdem können Sie das ganze Jahr über tiefgekühlte Erbsen kaufen, die vor dem Auftauen blanchiert werden, um ihren Vitamingehalt zu bewahren, aber achten Sie darauf, dass es sich um heimische Erbsen handelt.

1.
2.
3.
2.
4.
4.

GRÜNE BOHNEN, FLACHE BREITE BOHNEN, BORLOTTIBOHNEN UND FAVABOHNEN

Saison
Juli–September

Qualitäts-Check
Die Bohnenschoten sollten grün und steif sein. Bei der frühen Ernte von Favabohnen sind die Hülsen frisch und essbar, später in der Saison werden sie steifer und holziger.

Lagerung
Am besten im Gemüsefach des Kühlschranks

Rezepte
- Cremige Perlgraupen mit Spinat, Erbsen und Favabohnen (Seite 175)
- Gan bian Sijidou — Trocken gebratene grüne Bohnen (Seite 185)

1. Grüne Bohnen, auch Stangenbohnen genannt 2. Flache Breite Bohnen 3. Borlottibohnen 4. Favabohnen

Der Stängel der grünen Bohne, auch Stangenbohne genannt, der Borlottibohne und der Favabohne ist dick und steif. Er schießt im Frühjahr schnell in die Höhe und bildet dabei Schichten von breiten Blättern und violetten oder weißen Blüten. Die Bohnenschoten sitzen wie ein Rock schräg nach unten am Stängel. Die Hülsen der Borlottibohnen sind mit violetten Schattierungen verziert. Bei der Fava- und der Borlottibohne sind die frühgereiften Hülsen knackig und saftig und können roh oder gekocht verzehrt werden. Später im Jahr werden sie zäh und holzig. Die besondere Delikatesse sind jedoch die Bohnen im Inneren der Hülse: Favabohnen sind super saftig, glatt und glänzend und schmecken ähnlich wie Erbsen. Die flachen breiten Bohnen, werden im Ganzen gegessen, während die grünen Bohnen an schlankeren und bunteren Pflanzen mit dünneren Stängeln wachsen, die eine Stütze brauchen, um groß zu werden.

Es ist ein Rätsel, warum frische Favabohnen in Dänemark nicht beliebter sind. Sie sind preiswert, gesund, leicht zu verarbeiten und sehr schmackhaft. Kochen Sie die ganzen Schoten 5–7 Min. in Salzwasser, pürieren Sie sie und servieren Sie sie mit Butter, festem Käse und frischgepresster Zitrone. Oder verwenden Sie sie, um einen Risotto oder einen Salat zu verfeinern. Die flachen breiten Bohnen können kurz blanchiert, dann der Länge nach in Streifen geschnitten und als frisches Grün für fette Gerichte verwendet werden. Einem klassischen Salat mit eingelegten Zwiebeln und einer Vinaigrette aus Senf, Honig, Essig und Olivenöl verleihen grüne Bohnen Struktur. Sie schmecken aber genauso gut, wenn sie sanft gekocht und nur mit Meersalz sofort serviert werden. Dies ist ein klassisches Gericht, das im Französischen genauso wie das Gemüse heißt: Haricots verts – grüne Bohnen.

Bei manchen Menschen kann der Verzehr von rohen Bohnen zu Übelkeit und Magenverstimmung führen. Wenn Sie wissen, dass Sie so auf Bohnen reagieren, sollten Sie sie stets kurz kochen. Für die meisten Menschen ist der Verzehr roher Bohnen jedoch völlig unbedenklich. Favabohnen werden durch kurzes Kochen weicher und süßer, sodass es sich in jedem Fall lohnt, sie immer zu kochen. Sie sollten in ihren Schoten in reichlich Salzwasser gekocht werden, wonach die Bohnen sich leicht zerdrücken lassen.

ZWIEBELN

1.
2.
3.
4.
5.
6.

GELBE ZWIEBELN, ROTE ZWIEBELN, SCHALOTTEN UND FRÜHLINGSZWIEBELN

Saison
Frische Zwiebeln werden in Nordeuropa von Juli–September geerntet. Aus Südeuropa können Sie frische Zwiebeln etwa ab Mai bekommen. Es ist jedoch sehr üblich, Zwiebeln zu trocknen, so bleiben sie knackig und saftig und können das ganze Jahr über verwendet werden.

Qualitäts-Check
Frische Zwiebeln sollten sich fest anfühlen, die Zwiebel selbst sollte etwas glänzen und eine frische Farbe haben, der Stiel sollte schön grün sein. Getrocknete Zwiebeln sollten außen völlig trocken sein, sich aber fest anfühlen und keine Beulen oder Löcher aufweisen.

Lagerung
Frische Zwiebeln werden im Gemüsefach des Kühlschranks aufbewahrt, getrocknete Zwiebeln den ganzen Winter über in einem trockenen, dunklen und kühlen Raum. Es ist wichtig, dass die Zwiebeln »atmen« können. Sie können die Zwiebeln zu einem Zopf flechten und an der Wand aufhängen oder sie in einem Netzbeutel aufbewahren.

Rezepte
- Pissaladière (Seite 173)
- Gegrilltes Gemüse mit Hollandaise (Seite 169)
- Escalivada (Seite 227)
- Horiatiki — Griechischer Salat (Seite 241)

Auf dem Feld sind Zwiebeln nur als grüne Periskope sichtbar, die aus der braunen Erde herausragen. Die Zwiebel selbst verbirgt sich unter der Oberfläche, bis sie herausgezogen wird, um entweder sofort verzehrt oder getrocknet zu werden.

Die Zwiebel ist die graue Eminenz der gastronomischen Welt. Man sieht sie nur selten im fertigen Gericht, aber ihr Einfluss ist markant: Die meisten klassischen Gerichte der großen europäischen Küchen beginnen mit Zwiebeln: Bouillabaisse, Sauce Bearnaise, Boeuf Bourguignon, usw. Auch in den großen asiatischen Küchen spielt die Zwiebel eine wichtige Rolle. Zwiebeln verleihen den Speisen eine einzigartige Geschmackstiefe, die auf keine andere Weise erreicht werden kann, doch Zwiebeln sind nicht nur ein wichtiges Gemüse als versteckte Zutat.

Im Sommer eignen sich frische Zwiebeln hervorragend als Hauptdarsteller in einfachen Gerichten. Schneiden Sie etwa kleine frische rote Zwiebeln der Länge nach in Scheiben, lassen Sie dabei den größten Teil des grünen Stiels dran und schälen Sie nur die äußere Schicht der Zwiebelknolle ab. Legen Sie die Zwiebelscheiben in eine Sauteuse mit einem Stück Butter und lassen Sie sie 5 Minuten lang abgedeckt dünsten. Geben Sie die Zwiebeln dann auf eine Servierplatte. Verrühren sie nun mit einem Schneebesen einen Spritzer Weinessig mit kalten Butterwürfeln in einer Pfanne zu einer Beurre blanc (Seite 128). Mit Salz und Pfeffer würzen und eingelegte, unreife Holunderbeeren darübergeben, bevor die Sauce über die gedünsteten Zwiebeln gegossen wird.

Die Frühlingszwiebel spielt eine andere Rolle als die anderen Zwiebeln. Sie wird bevorzugt roh feingehackt und in Wasser eingeweicht. Alle Zwiebeln, die roh verwendet werden sollen, können nach dem Schneiden in eine Schüssel mit Wasser gelegt werden. Lassen Sie sie 15–20 Minuten im Wasser einweichen. Dadurch wird der rohen Zwiebel die Schärfe genommen, und sie wird zu einer viel angenehmeren Zutat in einem Salat oder als Garnitur.

1. Getrocknete gelbe Zwiebel 2. Frische Zwiebel 3. Frische rote Zwiebel 4. Frische Schalotte 5. Getrocknete rote Zwiebel 6. Frühlingszwiebel

LAUCH ODER PORREE

Saison
Sommerporree wird von Juli–September geerntet. Winterporree wird den Rest des Jahres bis in den April geerntet.

Qualitäts-Check
Beim Sommerporree sollte die äußere Schicht frisch aussehen und die oberen Blätter relativ frisch sein. Beim Winterporree ist die äußere Schicht typischerweise dick und leicht faltig, und die Blätter können welk sein.

Lagerung
In einem dunklen kühlen Raum

Rezepte
- Pissaladière (Seite 173)
- Topinambur-Pie (Seite 177)
- Rahmkartoffeln mit Chorizo (Seite 171)

Lauch wächst höher und selbstbewusster als andere Zwiebeln. Der weiße Teil des Lauchs ist unterirdisch und je grüner er wird, desto näher ist er der Sonne. Sowohl der weiße als auch der grüne Teil des Lauchs schmecken gut, mit Ausnahme des dunkelgrünen Teils, der zäh und bitter sein kann.

Wie bei vielen Wurzelgemüsen gibt es auch Lauch als Sommer- und Wintersorte. Die Sommersorten werden von Juli bis September geerntet und sofort verzehrt. Winterporree ist frosttolerant und kann den ganzen Winter über geerntet werden.

Lauch ist ein sehr schmackhaftes Gemüse, ähnlich wie die Zwiebel, aber milder und kräuteriger im Geschmack. Versuchen Sie, einen ganzen Lauch bei 200 °C 40 Minuten lang zu backen. Nehmen Sie den Lauch aus dem Ofen und entfernen Sie die äußere, verbrannte Schicht. Schneiden Sie das weiche Innere des Lauchs der Länge nach ein. Beträufeln Sie ihn mit dem Saft einer halben Zitrone sowie mit Olivenöl und bestreuen Sie ihn mit Meersalz.

Lauch kann wegen der Erde zwischen den einzelnen Blattschichten schwer zu reinigen sein. Legen Sie daher den ganzen Lauch in eine große Schüssel mit Wasser. Lassen Sie ihn ein paar Minuten stehen, bis sich die Erde aufgelöst hat, und spülen Sie ihn dann gründlich mit Wasser ab.

1.
2.
1.

KNOBLAUCH

Saison

Frischer Knoblauch wird von Juni–September geerntet, aber es ist sehr üblich, Knoblauch zu trocknen und das ganze Jahr über zu verwenden, da er so knackig und saftig bleibt.

Qualitäts-Check

Frischer Knoblauch sollte einen frischen grünen Stiel haben, während die Knolle selbst weiß oder violett ist. Getrockneter Knoblauch sollte trocken sein und eine helle Schale haben. Das Wichtigste ist, dass er keinen Schimmel hat und nicht weich ist.

Lagerung

Frischer Knoblauch sollte im Gemüsefach des Kühlschranks aufbewahrt werden. Getrockneter Knoblauch kann den ganzen Winter über in einem trockenen, dunklen und kühlen Raum gelagert werden. Dabei ist es wichtig, dass die Zwiebeln »atmen« können. Sie können die Zwiebeln zu einem Zopf flechten und an der Wand aufhängen oder sie in einem Netzbeutel aufbewahren.

Rezepte

- Hasselback-Butternut (Seite 187)
- Gebratene Karotten mit Knoblauch und Fischsauce (Seite 215)

Oberirdisch sieht Knoblauch wie eine normale Zwiebel aus, aber unter der Erde verbirgt sich das intensivste und aromatischste aller Gemüse. Knoblauch schmeckt so gut und ist so einfach zu verarbeiten, dass die Studierenden der Kochschule in Kopenhagen ihn nicht zum Kochen verwenden dürfen. Knoblauch hat ein charakteristisches Aroma, dass zwar gut schmeckt, aber andere subtilere Aromen leicht überdecken kann. So könnte man sagen, dass Knoblauch die wichtigste Zutat in der Alltagsküche ist, wenn es darum geht, ein schnelles und schmackhaftes Gericht zuzubereiten. Knoblauch ist ein Aroma auf Steroiden.

Der Geschmack kann als intensiv süß und tief beschrieben werden. Daher wertet er jedes Gericht, dem er hinzugefügt wird, sofort auf. Wenn Sie eine Creme oder Sauce zubereitet haben, die Ihrer Meinung nach zu wenig Geschmack hat, können Sie Knoblauch wie Salz hinzufügen.

Aber Knoblauch kann auch allein verwendet werden. Nehmen Sie zum Beispiel eine ganze Knoblauchknolle und geben Sie diese in einen mit Öl gefüllten Topf, der für 2 Stunden bei 150 °C in den Ofen kommt. Jetzt können Sie die Zehen aus ihren Taschen drücken und sie auf Toast oder als Beilage zu anderem Gemüse essen – ein hervorragendes und intensives Geschmackserlebnis.

Es gibt eine Reihe von »Tricks«, wie man die Haut von getrocknetem Knoblauch entfernen kann. In Wirklichkeit ist es am einfachsten, die Spitze der Zehe abzuschneiden und die Haut mit einem Küchenmesser zu entfernen. Alternativ kann man den Knoblauch auch im Ganzen kochen und dann das Fruchtfleisch auspressen.

1. Getrockneter Knoblauch 2. Frischer Knoblauch

1.
2.

BÄRLAUCH UND WEINBERGLAUCH

Saison
Bärlauch: März–Juni
Weinberglauch: Juli–September

Qualitäts-Check
Bärlauchblätter sollten eine kräftige grüne Farbe haben, und wenn man ein Blatt nach unten zieht, sollte es sich vorzugsweise von selbst wieder aufrichten. Die Bärlauchkapern, die von Mai bis Juni geerntet werden, sollten sich fest anfühlen und frisch und scharf riechen. Der Weinberglauch sollte fest, spitz und von dunkelvioletter Farbe sein und mild nach frischen Zwiebeln duften.

Lagerung
Im Kühlschrank, in einem verschlossenen Behälter auf einem feuchten Papiertuch

Rezepte
- Naan-Brot (Seite 231)
- Grünes Öl (Seite 137)
- Bärlauchknospen und gebeizte Bärlauchkapern (Seite 140)

1. Bärlauch 2. Weinberglauch

Die Blätter des Bärlauchs sehen aus wie ein Miniaturpalmenblatt mit einem langen Stiel und einem flachen, ovalen Blatt, das spitz zuläuft. In der Mitte ragt ein einzelner Stiel zwischen einem Blattkranz hervor. An ihm treiben 10 bis 15 kleine weiße Blüten. Im Mai verschwinden die weißen Blütenblätter, zurück bleiben kleine grüne Samenschoten. Der Weinberglauch hat einen langen, dünnen Stiel, der in einem Blütenkopf mit 15 bis 50 kleinen violetten Brutzwiebeln endet. Aufgrund des dünnen Stängels und des relativen Volumens des Blütenkopfes kann die Blüte des wilden Weinberglauchs über der Pflanze zu schweben scheinen.

Obwohl angebauter Bärlauch heutzutage in Gemüseläden und Supermärkten verkauft wird, sind sowohl Bärlauch als auch Weinberglauch in erster Linie Wildpflanzen. Bärlauch ist in Wäldern und Parks weit verbreitet, meist an schattigen und feuchten Stellen. Der Weinberglauch ist schwieriger zu finden, obwohl er im Gegensatz zum Bärlauch in voller Sonne und unter freiem Himmel gedeiht, typischerweise in Küstengebieten, entlang von Straßen und Wegen und an Waldrändern.

Die Blätter des Bärlauchs haben einen sanften Knoblauchgeruch und -geschmack. Sie sind milder, frischer und kräuteriger als Knoblauch und können in größeren Mengen verwendet werden. Die Blütenknospen sind etwas schärfer und knallen im Mund, wenn man darauf beißt. Weinberglauch hat einen zarten, milden Zwiebelgeschmack, der an Schärfe zunimmt, je länger man ihn kaut, und eine leichte Bitterkeit.

Bärlauch ist unglaublich elegant, wenn er zur Herstellung von Pesto, grünem Öl oder Mayonnaise verwendet wird. Er hat Noten von Blumen, Kräutern und Knoblauch, aber alles in einer so delikaten und ausgewogenen Weise, dass es eine Freude ist, ihn zu essen. Die Blütenknospen können eingelegt werden und eignen sich zum Beispiel hervorragend als Belag für Sandwiches, da sich ihr zart-säuerlicher und scharfer Geschmack im Mund wie kleine Explosionen entfaltet. Die Blüten des Weinberglauchs können auch eingelegt oder kurz in einem Cassoulet oder einer Sommerpasta mitgekocht werden, wo sie nicht nur schön, sondern auch schmackhaft sind.

Es besteht die Gefahr, Bärlauch mit dem hochgiftigen Maiglöckchen zu verwechseln. Prüfen Sie daher unbedingt den Geruch und die Form der Blüten, bevor Sie sie probieren.

SALAT

FENCHEL

Saison
Juni–Oktober

Qualitäts-Check
Die Fenchelknolle muss fest und hart sein, die Blätter eng anliegen, die Oberfläche der Knolle weiß ohne braune Verfärbungen und Flecken und die Stängel hellgrün und fest sein.

Lagerung
Am besten im Gemüsefach des Kühlschranks

Rezepte
- Gegrillte Fenchelkronen (Seite 161)
- Sommerliche Rohkostplatte mit Petersilienmayonnaise (Seite 229)

Fenchel ist eine weiß-grüne Knolle. Sie besteht aus harten weißen Blattscheiden, die sich umeinanderwickeln und so die eigentliche Knolle bilden, auf der sich dicke hellgrüne Stängel und dunkelgrüne gefiederte Blätter befinden, die dem Dill sehr ähnlich sehen. Später in der Saison, wenn der Fenchel geblüht hat, bilden sich Fenchelsamen, die in der italienischen und nordafrikanischen Küche häufig als Gewürz verwendet werden.

Fenchel stammt aus dem Mittelmeerraum, die nordeuropäischen Winter sind daher hart für ihn, weshalb er hier als einjährige Pflanze angebaut wird, die normalerweise nicht höher als 60 cm wird. Er wird jedes Jahr neu gepflanzt, woraufhin die Zwiebel aus den geschwollenen Blattscheiden aus dem Boden wächst, blüht und Samen ansetzt, um dann abzusterben, wenn die Winterfröste kommen. Sie ist hart, knackig und saftig und seine Textur erinnert roh verzehrt an frischen Sellerie. So kommt der scharfe, lakritzartige Anisgeschmack zum Vorschein, für den Fenchel so bekannt ist. Er stammt von der organischen Verbindung Anethol, und dieser Geschmack hat dazu geführt, dass Fenchel zur Herstellung von Absinth und Pastis verwendet wird.

Fenchel kann auf vielfältige Weise verwendet werden, sowohl roh als auch gekocht: frisch, in dünne Scheiben geschnitten in Salaten, feingewürfelt in Eintöpfen oder in einer grünen Bolognese, in Vierteln gebacken oder gedünstet, z. B. zu einem Stück Weißfisch.

Ein Klassiker, der sich als frische Beilage zu fast jedem Hauptgericht oder Menü eignet, ist das einfache italienische Fenchel-Crudité: Schneiden Sie den Fenchel in sehr, sehr dünne und transparente Streifen, am besten mit einer Mandoline oder Schneidemaschine – oder mit einem sehr scharfen Messer und einer ruhigen Hand. Die dünnen frischen Fenchelstreifen mit Zitronensaft, gutem Olivenöl, Salz und Pfeffer anmachen und mit den dillartigen grünen Fenchelspitzen garnieren – wie schon gesagt, kann die ganze Fenchelknolle gegessen werden. Achten Sie jedoch darauf, den unteren kleinen Teil des Stängels, der aus dem Knollenansatz herausragt, und eventuell die äußersten Millimeter der Stängel zu entfernen. Spülen Sie die Knolle und teilen Sie den Fenchelkopf der Länge nach in zwei Hälften, dann schneiden Sie ihn mit einem Messer oder einer Mandoline weiter, je nachdem, wie Sie ihn zubereiten möchten. Wenn Sie ihn mit einer Mandoline schneiden, denken Sie daran, sich Zeit zu nehmen und zu prüfen, ob die Dicke perfekt ist. Wenn die Streifen zu dick sind, können der Geschmack und die Konsistenz zu stark sein, also schneiden Sie sie so dünn wie möglich.

1.
1.
2.

ROMANASALAT UND SALATHERZEN

Saison
April–Oktober

Qualitäts-Check
Die Salatköpfe sollten fest, knackig und grün sein

Lagerung
Am besten im Gemüsefach des Kühlschranks

Rezept
- Grüner Salat mit Erbsen (Seite 235)

Auch in Nordeuropa ist die Salatsaison lang, und der erste Salat kann bereits im April und bis weit in den Herbst hinein geerntet werden. Die Salatköpfe wachsen schnell, sodass sie mehrmals im Jahr gepflanzt werden können. Für den Rest des Jahres müssen wir uns mit Salat aus spanischen Gewächshäusern begnügen. Spanien verfügt über die weltweit größte Dichte an Gewächshäusern und baut das ganze Jahr über Salat und anderes Gemüse für ganz Europa an.

Romanasalat und Salatherzen sind im Vergleich zu anderen Salaten einzigartig, weil sie dick und fest sind. Sie sind äußerst knackig und sehr saftig. Die Robustheit des Römersalats macht ihn ideal für klassische Salate mit einem feuchten Dressing, da er lange in der Schüssel liegen bleiben kann, ohne seine Textur zu verlieren.

Eine der einfachsten und schmackhaftesten Beilagen der Welt lässt sich mit erntefrischem Römersalat zubereiten. Reinigen Sie Ihren Römersalat sorgfältig wie unten beschrieben. Nehmen Sie eine Schüssel und geben Sie einen Viertelliter Schlagsahne hinein. Fügen Sie den Saft einer halben Zitrone und eine Prise Salz hinzu. Rühren Sie die Sahne mit einem Esslöffel um und beobachten Sie, wie sie beim Rühren eindickt. Schmecken Sie sie mit Salz ab. Die Creme in eine dekorative Servierschüssel geben und die Römersalatblätter so anrichten, dass das Wurzelende in der Creme liegt und der Rest des Blattes am Rand der Schüssel steht. Genießen Sie die unglaublich knackigen Salatblätter mit dieser reichhaltigen und würzigen Creme, Biss für Biss.

Zum Spülen des Salats benötigen Sie eine große Schüssel mit Wasser. Ziehen Sie die Blätter vorsichtig einzeln vom Strunk ab und legen Sie sie in das Wasser. Lassen Sie sie 5–10 Minuten im Wasser liegen, damit sich eventuelle Erdreste lösen. Drehen Sie die Blätter dann mit den Händen im Wasser umher. Leeren Sie die Schüssel aus und füllen Sie sie wieder auf. Wiederholen Sie diesen Vorgang, bis die Blätter vollständig gereinigt sind. Legen Sie die Blätter auf einem Geschirrtuch auf die Küchenarbeitsplatte und lassen Sie sie trocknen. Vermeiden Sie die Versuchung, den Salat mit dem Geschirrtuch zu quetschen, da dies die Struktur der Blätter zerstören kann. Wenn Sie es eilig haben, können Sie eine Salatschleuder verwenden oder den Salat direkt im Geschirrtuch im Freien schleudern.

1. Romanasalat 2. Salatherzen

1.
2.
3.
4.
5.
6.
7.

RADICCHIO, BELGISCHE ENDIVEN, PUNTARELLE UND FRISÉESALAT

Saison

PGI Radicchio aus Italien ist von November–April erhältlich. Endivien sind das ganze Jahr über erhältlich. Frisée ist von April–Oktober erhältlich, während Katalogna (und Puntarelle) von September bis zum ersten Frost Saison haben.

Qualitäts-Check

Wenn Sie echten italienischen Radicchio wollen, achten Sie auf das gelb-blaue g.g.A.-Siegel. Alle bitteren Salate sollten knackig sein und keine braunen Stellen aufweisen.

Lagerung

Am besten im Gemüsefach des Kühlschranks

Rezept

- Bittere Salate mit Mandelcreme (Seite 205)

1. Radicchio Variegato di Castelfranco PGI, 2. La Rosa del Veneto Radicchio 3. Belgische Endivie 4. Radicchio aus dänischem Anbau 5. Radicchio Rosso di Treviso g.g.A. 6. Puntarelle, auch Catalogna genannt 7. Friséesalat

Radicchio ist ein ganz besonderes Gemüse, denn es erhält seinen Charakter und seine Farbe erst nach der Ernte. Radicchio gehört zu den Gemüsesorten, bei denen die Verarbeitung eine mindestens ebenso wichtige Rolle spielt wie der Anbau. Aus diesem Grund sind die besten Radicchio-Sorten durch die geschützte geografische Angabe (g.g.A.) der EU geschützt. Die wichtigste Sorte ist der Radicchio Rosso di Treviso, der in einem sehr kleinen Gebiet um Venedig herum angebaut wird. In diesem besonderen geografischen Gebiet gibt es viele natürliche Quellen, die bei der Verarbeitung des Gemüses nach der Ernte eine wichtige Rolle spielen, denn nach der Ernte muss der Radicchio Rosso di Treviso gründlich gereinigt und die äußeren Blätter entfernt werden. Die Köpfe werden dann in dunkle Räume gebracht, wo die Wurzeln in lokalem Quellwasser gebadet werden. Dadurch wird die Pflanze auf magische Weise aus der Ruhephase geholt und treibt wieder aus. Da der gesamte Prozess in völliger Dunkelheit stattfindet, sind die neuen Triebe jedoch farblos. Anschließend werden die Köpfe so beschnitten, dass sie wie auf dem Bild aussehen. Der Variegato di Castelfranco durchläuft ein ähnliches Verfahren, während die anderen Sorten direkt nach der Ernte verzehrt werden.

Die Belgische Endivie kommt nie mit Erde in Berührung, anders als ihr Verwandter, der Friséesalat, auch Krause Endivie genannt. Puntarelle und Löwenzahn wiederum gehören auch zur gleichen Familie, haben sich aber auf natürliche Weise in der Erde entwickelt und sind weniger bitter als Radicchio und Endivie.

Alle Salate auf dieser Seite sind bitter und in der nordeuropäischen Küche nicht sehr verbreitet. In Italien und Frankreich dagegen schon, denn dort ist es Tradition, Bitteres als Kontrapunkt zu süßen und fettigen Aromen zu verwenden. Servieren Sie beispielsweise einen Salat mit Radicchio, Orangen, gerösteten Haselnüssen und Blauschimmelkäse. Oder kombinieren Sie bittere mit süßen Salaten zu einem komplexen gemischten grünen Salat. Die Puntarelle oder Catalogna – die Verwandtschaft mit dem Löwenzahn ist offensichtlich –, ist in Italien so weit verbreitet, dass es ein eigenes Schneidegerät gibt, die sogenannte Taglia Puntarelle, die das Gemüse in feine Streifen teilt. Wenn Sie keine Taglia Puntarelle haben, können Sie die Puntarelle auf traditionelle Weise schneiden, indem Sie die oberen Blätter abschneiden und die Stängel der Länge nach in dünne Scheiben schneiden. Die Streifen können dann, bis zur Verwendung, in kaltem Wasser ruhen.

1.
2.
4.
3.
2.
2.
5.

SPINAT, RUCOLA UND MANGOLD

Saison
Mai–Oktober

Qualitäts-Check
Die dicken Stiele müssen elastisch sein. Alle Blätter müssen frisch sein und dürfen weder Staunässe noch braune Stellen aufweisen.

Lagerung
Am besten im Gemüsefach des Kühlschranks

Rezepte
- Cremige Perlgraupen mit Spinat, Erbsen und Favabohnen (Seite 175)
- Sommerliche Rohkostplatte mit Petersilienmayonnaise (Seite 229)
- Winterliche Bruschetta mit eingelegten Tomaten, eingelegten Pilzen und gegrilltem Mangold (Seite 237)
- Bittere Salate mit Mandelcreme (Seite 205)

Der Mangold stiehlt mit seinem kräftigen, farbenfrohen und glänzenden Wuchs jedem Küchengarten die Show. Wer genau hinsieht, erkennt ein komplexes Verzweigungsmuster am Übergang zwischen Stängel und Blatt. Blattspinat gibt es in vielen Sorten, von klein und zart bis groß und dunkelgrün.

Rucola ist die intensivste der drei Sorten. Zumindest, wenn er im Freien angebaut wird. Das ist wirklich ein Gemüse, bei dem man die Art des Anbaus schmecken kann. Frisch gepflückter Rucola aus dem Kräutergarten hat einen scharfen, pfeffrigen und senfigen Geschmack, während der Rucola, den man im Supermarkt in Tüten findet, etwas milder ist.

Mangold und vor allem Spinat enthalten viel Oxalsäure, das ein seltsames Trockenheitsgefühl im Mund verursachen kann. Es fühlt sich ein bisschen so an, als würde man die Haut von Trauben essen. Die Wirkung der Oxalsäure wird sowohl durch Erhitzen als auch durch Säure, z. B. einer frisch gepressten Zitrone, gemindert. Dadurch wird vor allem Spinat angenehmer zu essen.

Rucola ist ein einflussreicher Gast in einem grünen Salat mit gemischten, milderen Salatsorten. Spinat profitiert sehr von einer ganz einfachen Zubereitung: 3–4 Minuten bei mittlerer Hitze in einer abgedeckten Pfanne mit einem Stückchen Butter garen. Die Blätter werden am besten gereinigt, indem man sie in eine große Schüssel mit Wasser legt und 5–10 Minuten darin liegen lässt, um eventuelle Erdreste aufzulösen. Leeren Sie die Schüssel aus und füllen Sie sie wieder auf. Wiederholen Sie diesen Vorgang, bis die Blätter vollständig gereinigt sind. Legen Sie die Blätter dann auf einem Geschirrtuch auf die Küchenarbeitsplatte und lassen Sie sie trocknen. Wenn Sie es eilig haben, können Sie eine Salatschleuder verwenden oder den Salat direkt im Geschirrtuch im Freien schleudern.

1. Babyspinat 2. Mangold 3. Spinat 4. Rucola 5. Neuseeländischer Spinat

1.
2.
2.
3.
1.

EISBERG- UND EICHBLATTSALAT SOWIE LOLLO ROSSO

Saison
April–Oktober

Qualitäts-Check
Die Salatblätter müssen frisch und grün sein. Insbesondere dürfen sie keine weichen oder kaputten Stellen aufweisen, an denen die »Adern« sichtbar sind. Sie sollten sozusagen »glücklich« aussehen.

Lagerung
Am besten im Gemüsefach des Kühlschranks

Rezept
- Grüner Salat mit Erbsen (Seite 235)

1. Eisbergsalat 2. Lollo rosso 3. Eichblattsalat

Die Salatköpfe wachsen als leuchtend grüne Köpfe in langen, dichten Reihen auf dunklem Boden. Frischer Salat kann vom Frühjahr bis zum Herbst auf dem Feld geerntet werden. Den Rest des Jahres werden sie vom »Plastikmeer« Südspaniens geliefert, wo sie in Plastikgewächshäusern angebaut werden. Lollo rosso und Eichblattsalat sind seidig weich, aber sehr schmackhaft. Eisbergsalat ist der mildeste und knackigste unter den Salaten und hat oft eine rein strukturelle Funktion, wie z. B. im Big Mac von McDonalds, wo sein knackiger und saftiger Biss eine unverzichtbare Ergänzung zum weichen Burger Bun und dem Burger selbst bildet.

Bei den auf dieser Seite beschriebenen weichen Sorten ist es besonders wichtig, beim Waschen und Trocknen der Blätter behutsam vorzugehen. Zum Spülen des Salats ist eine große Schüssel erforderlich. Es muss schonend geschehen, ohne die poröse Struktur des Salats zu zerstören. Es ist wichtig, den Salat in mehreren Schüben mit Wasser abzuspülen, bis keine Erde oder Sand mehr am Boden der Schüssel liegenbleibt. Dann trocknen Sie sanft jedes einzelne Blatt auf einem ausgebreiteten Küchenhandtuch. Seien Sie vorsichtig, wenn Sie eine Salatschleuder verwenden, da der weiche Salat leicht gequetscht werden kann und Risse bekommt.

Auch beim Mischen des Salats ist Vorsicht geboten. Suchen Sie zunächst die größte Schüssel in Ihrer Küche. Vorzugsweise mit einem runden Boden. Wenn die größte Schüssel einen Durchmesser von weniger als 30 cm hat, suchen Sie das nächste Küchengeschäft auf und kaufen Sie eine wirklich große Salatschüssel, während die Blätter trocknen. Schneiden Sie zunächst eine Schalotte fein und legen Sie sie in Wasser ein. Geben Sie dann die klassischen Vinaigrette-Zutaten in die große Schüssel: gutes Olivenöl, einen spritzigen Essig (z. B. Waldmeister- oder Holunderblütenessig), Honig, Senf, einen Löffel frisches Wasser und Salz. Es ist wichtig, dass Sie genug Vinaigrette zubereiten. Schmecken Sie sie mit einem Löffel ab, vielleicht braucht sie mehr Wasser und/oder Salz. Sie sollte ein ausgewogenes Verhältnis von Salz, Säure und Süße haben und fantastisch schmecken. Geben Sie die trockenen Salatblätter zusammen mit den abgetropften Schalotten in die Schüssel. Alles vorsichtig mischen und sofort servieren.

QUER DURCH DEN GEMÜSEGARTEN

1.
2.
2.
3.
4.

AUBERGINE

Saison

In Nordeuropa: Juli–August
In Südeuropa: März–Oktober

Qualitäts-Check

Die Auberginen müssen fest sein und sich schön glatt anfühlen. Der Stiel muss grün sein.

Lagerung

Am besten im Gemüsefach des Kühlschranks

Rezepte

- Escalivada (Seite 227)
- Evas Ratatouille (Seite 191)
- One-Pot-Pappardelle (Seite 159)
- Dum Biryani (Seite 181)
- Tortang Talong (Seite 157)

1. Florentinische Aubergine 2. Schwarze Aubergine 3. Lange violette Aubergine 4. Graffitti Aubergine

Auberginen sitzen wie kleine schwere Glocken an schlaksigen grünen Pflanzen mit schönen weißen und hellvioletten Blüten. Die besten Auberginen kommen aus Südeuropa, wo sie in Gewächshäusern ohne künstliche Heizung wachsen können. Die meisten Auberginen, die man in Nordeuropa kaufen kann, sind dunkelviolett, länglich und leicht eierförmig. Diese Form diente auch als Vorlage für das Emoji, das in der Internetkultur zu einem Sexsymbol geworden ist. Auberginen gibt es auch in kleineren und runderen Formen sowie in den Farben Schwarz, Weiß, Gelb und Hellviolett gestreift. Bei allen schmiegt sich der Stängel wie ein Hütchen mit gezackten Rand an das glänzende Fruchtfleisch.

Bis vor einigen Jahren war die Aubergine in der nordeuropäischen Küche ziemlich unbekannt. Es handelt sich, was die Zubereitung angeht, um ein kniffliges Gemüse, das eine gewisse Erfahrung erfordert, um es gut zuzubereiten, aber es lohnt sich sehr. In diesem Sinne könnte man die Aubergine als ein Gemüse mit hohem Gewinn bezeichnen.
Am bekanntesten ist die Aubergine als Hauptzutat für Baba Ganoush (Seite 124), das in vielen arabischen Ländern beliebt ist. Dazu wird die Aubergine gekocht und zu einer schmackhaften Creme püriert. Viele kennen sie auch aus dem italienischen Klassiker Parmigiana di melanzane, der aus gebratenen Auberginenscheiben besteht, die mit Tomatensauce überzogen und mit Mozzarella und Parmesankäse gratiniert werden. Eine weitere hervorragende Auberginen-Zubereitung stammt aus der chinesischen Provinz Sichuan. In dem Gericht mit dem treffenden Namen Fisch-Aubergine werden Auberginenstücke frittiert und mit Zutaten gewürzt, die an Fischgerichte erinnern: Ingwer, Knoblauch und eingelegte Chilischoten. Allen diesen Gerichten ist gemeinsam, dass sie so reichhaltig und schmackhaft sind, dass sie tierische Zutaten in einer Mahlzeit ersetzen können. Dies ist einer der Gründe, warum Auberginen zu den interessantesten Gemüsesorten gehören.
Wenn sie allerdings nicht richtig zubereitet werden, schmecken sie zäh und bitter. Das Fruchtfleisch ähnelt dem eines Pilzes und verhält sich auch wie ein Pilz, wenn er zu kurz gegart wurde – es wird gummiartig und fast nicht mehr kaubar. Die vielen Poren im Fruchtfleisch, die Feuchtigkeit aufnehmen können, müssen zusammenfallen, um das Beste aus der Aubergine herauszuholen. Dies geschieht entweder durch Salzen des geschnittenen Gemüses 30 Minuten vor dem Kochen oder dadurch, dass man die Aubergine während des Kochens einer ausreichenden Hitze aussetzt. Eine der einfachsten Arten, eine Aubergine zu genießen, besteht darin, sie eine halbe Stunde lang im Ofen zu garen, bevor man die Haut abzieht, sie in seidige, dampfende Scheiben schneidet und mit grobem Salz und Zitrone würzt.

1.
2.
1.
1.
2.
3.
2.
4.
4.
3.

GURKEN

Saison
In Nordeuropa: April–Oktober

Qualitäts-Check
Die Gurke sollte straff aussehen, fast als ob sie unter dem Druck ihres eigenen Wassergehalts zu platzen droht.

Lagerung
Am besten im Gemüsefach des Kühlschranks

Rezepte
- Sommerliche Rohkostplatte mit Petersilienmayonnaise (Seite 229)
- Horiatiki — Griechischer Salat (Seite 241)
- Allround-Marinade[2] (Seite 144)

Die Gurkenpflanze ist ein Bodenkriecher, wo sie große blaugrüne, ahornartige Blätter und leuchtend gelbe Blüten trägt. Die Gurke selbst ist länglich, entweder gerade oder krumm und manchmal mit einer kleinen Blüte an einem Ende.

Gurken werden am häufigsten in Gewächshäusern angebaut, es gibt aber auch Sorten für den Freilandanbau. Der Geschmack kann sehr unterschiedlich sein, und es lohnt sich, eine qualitativ hochwertige Gurke zu wählen. Gute Gurken sind sehr aromatisch, süß und leicht salzig. Das Fruchtfleisch einer Gurke sollte wie ein zum Zerreißen gedehnter Wasserballon aussehen.

Es gab den kurzlebigen gastronomischen Trend, Gurken zu grillen. Möglicherweise, um den Geschmack zu betonen. Meiner Meinung nach ist das ein bisschen albern. Eine gute Gurke kann recht kräftig im Geschmack sein und schmeckt am besten, wenn man sie ganz oder teilweise von der bitteren Schale befreit, in mundgerechte Stücke schneidet und mit Ponzu serviert (Seite 133).

Eine weitere Zubereitungsart, die das Beste aus der Gurke herausholt, ist die chinesische, genannt Pai huang gua (Geschlagene Gurke). Dabei wird die frische Gurke auf ein Schneidebrett gelegt und mit dem Griff eines schweren Messers (oder ähnlichem) zerschlagen. Angemacht wird sie dann mit einem Dressing aus Chili, Knoblauch, Koriander, Soja, Essig sowie Erdnüssen und sofort verzehrt.

Gurken sind selten sehr schmutzig, sollten aber vor dem Kochen unter fließendem Wasser abgespült werden.

1. Einmachgurken 2. Mini-Gurken 3. Schmorgurken 4. Salatgurken

1.
2.
3.

HOKKAIDO, BUTTERNUTKÜRBIS UND SPAGHETTIKÜRBIS

Saison
September–Januar

Qualitäts-Check
Der Kürbis sollte in der Schale und am Stiel ganz hart sein. Der Stiel sollte trocken und faltig sein und sich wie Kork anfühlen. Die Schale sollte matt sein und nicht glänzen.

Lagerung
In einem dunklen und kühlen Raum

Rezepte
- Helenes cremige Kürbissuppe (Seite 179)
- Kürbisgratin (Seite 199)
- Hasselback-Butternut (Seite 187)

Der Kürbis ist viel zu groß und schwer, um von der schlanken Pflanze, aus der er wächst, getragen zu werden. So liegen die Kürbisse auf dem Feld wie große Anker, die ihre Pflanzen am Boden festhalten; im Herbst verwelken die Pflanzen, aber die Kürbisse bleiben und reifen noch lange, nachdem ihre Pflanzen tot und verschwunden sind. Biologisch gesehen sind Kürbisse Beeren und gehören zur selben Familie wie Zucchini. Ursprünglich aus den Anden stammend, sind sie heute überall auf der Welt zu finden. Der Hokkaidokürbis stammt von der gleichnamigen nordjapanischen Insel und ist durch die berühmte Skulptur der Künstlerin Yayoi Kusama auf der Kunstinsel Naoshima bekannt geworden.

Der Butternutkürbis ist am festesten und hat eine glatte Textur. Die Schale hingegen ist dünn und lässt sich mit einem Sparschäler leicht abziehen. Das Fruchtfleisch des Spaghettikürbis' ist weich wie eine Melone und süßer als das der anderen beiden Kürbisse. Wenn Sie Kürbisse lange backen, wird ihr Fruchtfleisch so weich wie Butter. Der Hokkaidokürbis ist etwas weicher und gröber, und die Schale ist dicker. Seine Schale muss nicht entfernt werden, denn sie ist leicht zu kauen, behält aber auch nach langem Backen ihren Biss. Eine der schönsten Arten, einen Hokkaidokürbis zu genießen, ist, ihn zu halbieren und das Kerngehäuse mit einem Löffel herauszukratzen, um ihn dann noch zweimal zu halbieren, bis man acht Spalten hat. Würzen Sie sie mit Olivenöl, Flockensalz und getrocknetem Chili und backen Sie die Spalten im Ofen, bis das Fruchtfleisch braun wird. Man isst sie im Ganzen, beträufelt sie mit Zitronensaft und serviert sie mit Ziegenkäse und Salat. Es ist wichtig, dass der Kürbis das richtige Verhältnis von Säure und Salz erhält, da er sonst etwas fade schmecken kann.

Kürbisse sind selten sehr schmutzig, sollten aber vor dem Kochen unter fließendem Wasser abgespült werden.

1. Hokkaidokürbis 2. Butternutkürbis 3. Spaghettikürbis

1.
2.
3.
3.
3.
3.
4.
4.

ZUCCHINI

Saison
In Nordeuropa: Juni–Oktober

Qualitäts-Check
Zucchini müssen sich fest anfühlen, die Schale muss gleichmäßig sein und darf keine Falten oder Flecken aufweisen, eine Länge von 10–15 cm ist optimal. Der Stiel sollte grün sein. Wie bei den anderen Kürbisgewächsen sollte auch der Zucchino nicht scharf oder bitter schmecken, da dies oft ein Zeichen dafür ist, dass er den Giftstoff Cucurbitacin enthält, wenn es so ist, sollte der Zucchino entsorgt werden.

Lagerung
Am besten im Gemüsefach des Kühlschranks

Rezepte
- One-Pot-Pappardelle (Seite 159)
- Evas Ratatouille (Seite 191)
- Lauki ka Raita — Flaschenkürbis auf Raita (Seite 207)
- Sommerliche Rohkostplatte mit Petersilienmayonnaise (Seite 229)

Zucchini gehören zur Familie der Kürbisgewächse. Die Pflanze wird als unreife Frucht geerntet und gegessen, denn wenn sie zu groß wird, wird die Schale hart und dick wie bei anderen Kürbissen und der Geschmack des Fruchtfleisches verwässert. Zucchini schmecken am besten, wenn sie zwischen 10–15 cm lang sind.

Der Zucchino wächst wie die anderen Kürbissorten an einer Pflanze mit langen Stielen, an denen sich große grüne Blätter befinden, ähnlich wie beim Rhabarber, die die Früchte beschatten. Wenn die Früchte etwas größer werden, sind sie oft zu schwer für die Pflanze, und liegen daher auf dem Boden.

Kürbispflanzen bringen zwei verschiedene Blüten hervor, eine weibliche und eine männliche, und wenn die weibliche Blüte erscheint, weiß man, dass eine Frucht im Anmarsch ist, während die männliche Blüte keine Frucht mit sich bringt. Die weibliche Blüte sitzt am Ende der Kürbisfrucht, während die männliche Blüte an einem etwas kleineren grünen Stiel sitzt. Beide Blüten können gegessen werden, z. B. gebraten oder gefüllt, aber die männliche Blüte ist bei weitem die geschmackvollere.

Zucchini haben einen delikaten Geschmack, weshalb es wichtig ist, sie zu ernten, bevor sie zu groß werden und der Geschmack verwässert. Rechtzeitig geerntet, haben sie einen leicht süßen Geschmack mit einer subtilen nussigen Note.

Zucchini sollten bei großer Hitze gegart werden. Sie sollten allerdings nicht ganz durchgekocht oder -gebraten werden, damit sie ihren Biss behalten. Das macht sie unglaublich lecker, zum Beispiel auf einer reichhaltigen Creme, die mit sauren und knusprigen Zutaten verfeinert ist.

Bei allen Zucchini kann die ganze Frucht verzehrt werden, spülen Sie sie vor dem Kochen jedoch gründlich ab.

1. Gelbe Zucchini 2. Gestreifte Zucchini 3. Männliche Blüte 4. Weibliche Blüte

PAPRIKASCHOTEN

Saison
In Nordeuropa: Juli–Oktober
In Südeuropa: April–Oktober

Qualitäts-Check
Die Paprikaschoten müssen glatt und fest sein, nicht faltig oder welk

Lagerung
Am besten im Gemüsefach des Kühlschranks

Rezepte
- One-Pot-Pappardelle (Seite 159)
- Dum Biryani (Seite 181)
- Chutney aus grünen und roten Paprikaschoten (Seite 153)
- Escalivada (Seite 227)
- Evas Ratatouille (Seite 191)
- Horiatiki — Griechischer Salat (Seite 241)

Paprikaschoten gibt es in vielen Größen, Farben und Formen. Sie können länglich und spitz, klein und gebogen oder fast quadratisch sein, es gibt sie in Grün-, Gelb-, Rot-, Orange- und Weißtönen, manche Sorten werden gegessen, bevor sie ganz reif sind.

Paprika sind süß, knackig und saftig. Außerdem machen sie beim Kochen eine lange aromatische Reise. Frische Paprika verleiht Salaten wie Horiatiki (Seite 241) Süße und Textur, doch das größte Potenzial der Paprika liegt darin, durch Hitze eine intensive Süße zu erzeugen. Versuchen Sie zum Beispiel, die Paprikaschoten bei großer Hitze so lange im Ofen zu backen, bis die äußere dünne Haut schwarz ist und sich vom Fruchtfleisch abhebt; dann entfernen Sie die Haut und essen die Paprikaschoten mit Frischkäse oder Joghurt.

In spanischen Tapas-Bars stehen Pimientos immer auf der Speisekarte, sie sind klein und ein wenig bitter, werden scharf gegrillt oder scharf angebraten, bis sie zusammenfallen, und dann sehr großzügig mit Meersalz und Zitronensaft bestreut. Man isst sie, indem man den Stiel packt und die Frucht selbst mit den Zähnen herauszieht – ein großartiger Snack.

Paprikaschoten sind selten sehr schmutzig, sollten aber vor dem Kochen unter fließendem Wasser abgespült werden.

1.
2.
3.
6.
5.
4.
7.
2.
9.
5.
8.

CHILI

Saison
In Nordeuropa: Juli–Oktober
In Südeuropa: April–Oktober

Qualitäts-Check
Die Chilis müssen fest, nicht faltig sein

Lagerung
Frisch: Am besten im Gemüsefach des Kühlschranks
Getrocknet: In einem dunklen trockenen Raum in einem Netz oder einer offenen Schachtel

Rezepte
- Jalapeño-Escabeche (Seite 145)
- Fermentierte gegrillte Habanero (Seite 145)

1. Thailändische Chilis 2. Jalapeños 3. Chipotle (getrocknete Jalapeños) 4. Ancho 5. Pasilla 6. Habanero 7. Pimientos Padrones 8. roter Chili 9. Guajillo

Die Chili wächst an niedrigen, kompakten Pflanzen in Reihen. Die Chilis selbst werden oft direkt auf dem Feld in der Sonne getrocknet. Sie sind daher in großen abgegrenzten Flächen angeordnet, die aus der Ferne betrachtet wie rote Schwimmbecken aussehen können. Getrocknete Chilis haben einen runderen Geschmack und lassen sich beim Kochen besser kontrollieren.

4.000 Chilisorten gibt es weltweit. Es gibt sie in vielen Formen, Farben und vor allem in verschiedenen Schärfegraden. Die Schärfe einer Chilisorte wird anhand der berühmten Scoville-Skala angegeben. Das Interessante an der Scoville-Skala ist, dass sie ein subjektives Testpanel verwendet, um die Schärfe von Chilis zu beurteilen. Zunächst wird eine genaue Menge trockener Chilis abgewogen und in Alkohol aufgelöst, um die Bestandteile zu extrahieren, die den Chili scharf machen. Anschließend werden die Schärfekomponenten in Zuckerwasser verdünnt. Eine Testgruppe von fünf erfahrenen Chili-Verkostern beurteilt, ob sie die Schärfe der Lösung schmecken können. Anschließend wird die Lösung immer weiter verdünnt, bis die Mehrheit von ihnen die Schärfe nicht mehr erkennen kann. In jüngster Zeit wurde diese traditionelle Methode jedoch allmählich durch eine klinische Methode ersetzt.

Chilis sind zwar in erster Linie scharf, aber ihr Geschmack ist viel nuancierter. Sie haben eine gewisse Süße und Bitterkeit und entfalten beim Verzehr eine wunderbar berauschende Wirkung. Es gibt Kreuzungen aus Habanero- und normalen Paprikaschoten, die es ermöglichen, den Habanero-Geschmack ohne die Schärfe zu genießen.

Chilis können, wie Zwiebeln und Knoblauch, einem Gericht eine Geschmackstiefe verleihen, die sonst nur schwer zu erreichen ist. Sie können Ihre Geschmacksknospen darauf trainieren, weniger empfindlich auf die Schärfe der Chilis zu reagieren. Auf diese Weise können Sie Ihre Geschmacksknospen für viele der großen Küchen der Welt öffnen. Etwa die thailändische, die Sichuan-Küche, die mexikanische, die indische u.s.w. Viele der ältesten und üppigsten gastronomischen Kulturen der Welt verwenden Chili als zentrales Element in ihrer Küche. Die Namen thailändischer Currys richten sich nach der Farbe der Chilischoten.

Der größte Teil der Schärfe steckt in den Samen der Chilischoten. Wenn Sie also weniger Schärfe wünschen, können Sie die Chilis vor dem Kochen entkernen.

1.
2.
1.
2.

ARTISCHOCKE

Saison

In Nordeuropa: Juli–Oktober
In Südeuropa: Oktober–Mai

Qualitäts-Check

Die Artischocke sollte sich fest und dicht anfühlen. Wenn sie nachgibt, ist sie wahrscheinlich nicht frisch genug.

Lagerung

Am besten im Gemüsefach des Kühlschranks

Rezept

- Carciofi alla Giudia — frittierte Artischocke (Seite 219)

Die Artischocke ist eine sehr große Blütenknospe an einer Distelpflanze, die noch nicht aufgeplatzt ist, wenn sie verzehrfertig ist. Die Artischockenknospe sitzt wie ein Zepter auf dem dicken Stiel. Sie kann staubgrün oder violett sein, und es gibt kaum ein schöneres Gemüse als die Artischocke.

Mit einer Artischocke muss man nichts weiter tun, als sie etwa 20 Minuten lang in reichlich Wasser zu kochen und sie dann im Ganzen zu servieren. Das ist der Inbegriff des schönen, einfachen Zubereitens, das man in Italien so gut beherrscht. Eine Artischocke pro Gast, mit aufgeschlagener Butter und Zitrone. Oder mit Aioli. Ein fantastisches Gericht, das sich bei Tisch wie ein Roman entfaltet. Essen Sie zuerst ein Blatt nach dem anderen. Man bekommt bei jedem Bissen nur ein wenig Fruchtfleisch, und es dauert lange, bis man alle Blätter durch hat. Irgendwann erreicht man dann aber das Herz der Frucht. Hier findet sich eine Fülle von Fruchtfleisch. Weich und saftig. Es ist eine der großen kulinarischen Erfahrungen des Lebens.

Es gibt auch eine Reihe von Rezepten, bei denen nur das Herz der Artischocke verwendet wird. Wenn Sie das Herz herausschneiden wollen, stellen Sie eine große Schüssel mit Wasser und Zitronensaft bereit. Den Stiel der Artischocke abbrechen, die Spitzen mit einem scharfen Messer abschneiden und die äußeren, harten Blätter entfernen. Dann gut zwei Drittel des oberen Teils der Artischocke abschneiden. Entfernen Sie mit dem Sägemesser die grünen Blattreste am Blütenboden, bis der Boden gleichmäßig rund ist. Im Boden befindet sich das ungenießbare Heu: Kratzen Sie es mit einem Teelöffel vorsichtig heraus. Artischockenherzen mit einem Küchenmesser säubern, vierteln und sofort ins Zitronenwasser legen, bis Sie die weichen und saftigen Herzen weiterverarbeiten.

1. ältere Artischocke 2. junge Artischocke

1.
2.
1.
3.

SPARGEL

Saison

Weißer Spargel: Mitte April–24. Juni
Grüner Spargel: Anfang April–Ende Juli

Qualitäts-Check

Grüner Spargel sollte schlank und etwas gebogen sein. Die Spitzen sollten tiefviolett und geschlossen sein, die Stangen grün. Er sollte fest sein und sich nicht zusammendrücken lassen, die Schnittfläche sollte sauber und saftig aussehen. Weißer Spargel sollte dicker und gerader sein, ansonsten gilt dasselbe wie für den grünen.

Lagerung

In einem verschlossenen Behälter im Gemüsefach des Kühlschranks

Rezepte

- Mit Butter glasierter Spargel (Seite 223)
- Sommerliche Rohkostplatte mit Petersilienmayonnaise (Seite 229)
- Gegrilltes Gemüse mit Hollandaise (Seite 169)

1. Grüner Spargel 2. Weißer Spargel 3. Violetter Spargel

Der Spargel ist ein dicker länglicher Stängel. Entlang des Körpers zeigen dreieckige Pfeile nach oben in Richtung des Kopfes, die in rosa und violett übergehen, und an der Spitze laufen alle Dreiecke in einer kleinen Krone zusammen, die etwas zu klein für den dicken Körper zu sein scheint.

Die Farbe des Spargels hängt von der Lichteinstrahlung ab. Weißer Spargel entsteht, indem man einen kleinen Erdhügel um den Trieb herum anlegt, um Licht abzuhalten. Der grüne Spargel darf sich sonnen und bekommt einen Sonnenbrand. Die Freiheit bedeutet auch, dass er sich mehr windet und nicht so gerade steht wie die weißen Sorten. Man kann den Spargel auch nur teilweise mit Erde bedecken, was dazu führt, dass sich das Gemüse von tiefviolett über grün bis hin zu ganz blass verändert. Diese Spargelsorte wurde vom dänischen Landwirt Søren Wiuff erfunden, der in dänischen Gastronomiekreisen als Spargelkönig gilt.

Spargel wird in langen Reihen, den Spargelbeeten, angebaut, wobei die Wurzeln während der kurzen Saison von Anfang Mai bis Ende Juni bis zu 15 Triebe bilden können. In dieser Zeit können die Triebe bis zu 15 cm pro Tag wachsen, es heißt, dass man sie wachsen sehen kann. Wenn man die Triebe weiterwachsen lässt, bilden sie eine luftige und buschige Spitze. Es scheint trivial zu sein, zu schreiben, dass Spargel der König des Gemüses ist, aber er ist zweifellos das Gemüse, auf das sich die besten Köche der Welt am meisten freuen. Er ist auch das erste Gemüse, das auf dänischem Boden geerntet werden kann. Das hat den Vorteil, dass wir uns das ganze Winterhalbjahr auf eine Sommersaison voller frischem Freilandgemüse freuen können. Sie sind wie das erste Fest nach einer sechsmonatigen Corona-Sperre. Aber es ist nicht nur das zufällige Timing und der Hype, der dem Spargel seinen Namen gegeben hat. Roher Spargel riecht, als würde man über ein Feld laufen, auf das die Sonne schon den ganzen Tag brennt. Die Luft verdichtet sich in der Nase, wenn sie in die Nähe von Spargel kommt. Der Geschmack ist süß, aber nicht so aufdringlich wie bei Karotten. Er ist elegant und berauschend. Der Geschmack von rohem Spargel ist süß und bitter und reicher als der jedes anderen Gemüses. Spargel kann lange gekocht werden und wird butterweich oder kurz und behält seinen Biss. Durch das Grillen von weißem Spargel mit Schale wird der Wassergehalt des Gemüses eingekapselt, sodass er anschließend geschält und mit Olivenöl und Salz verzehrt überraschend saftig wird. Spargel passt übrigens auch gut zu anderen Ingredienzien des Frühjahrs: Seehasenrogen, Bärlauch und Rhabarber.

MAIS

Saison
Juli–Oktober, in Südeuropa etwas länger

Qualitäts-Check
Die Blätter des Mais' sollten grün und dicht sein. Der Mais sollte hellgelb und elastisch sein.

Lagerung
Am besten im Gemüsefach des Kühlschranks, wobei die Hüllblätter nicht entfernt werden sollten

Rezept
- Spicy Miso Ramen (Seite 163)

Das Maisfeld ist mehrere Meter hoch, und die meisten Erwachsenen können sich zwischen den hohen dicken Stängeln und den langen Blättern verstecken. Neben Reis und Weizen gehört Mais zu den am häufigsten angebauten Nutzpflanzen der Welt. Mais ist eine wichtige Futterpflanze und eine noch wichtigere Quelle für Stärke und Zucker in verarbeiteten Lebensmitteln.

So wird Mais also nicht hauptsächlich angebaut, um als Kolben mit geschmolzener Butter gegessen zu werden. Auch wenn das Gefühl, Mais genüsslich direkt vom Kolben zu essen, von den Walt Disney Studios in ihrem 1938 gedrehten Kurzfilm *Mickey's Trailer* perfekt in Szene gesetzt wurde: Mickey Mouse reist mit seinem Wohnwagen durch die USA und kommt dabei an einem Maisfeld vorbei. Er schneidet sich ein paar frische Maiskolben von den Stängeln und gibt sie in seinem Wohnwagen in einen großen Topf mit kochendem Wasser. Später essen dann er, Donald Duck und Goofy die Maiskolben in einer ikonischen Szene, die an mit Schreibmaschine getippte Wörter mit anschließendem Zeilenumbruch erinnert: Klack, klack, klack, klack, klack, ding usw. Diese Szene beschreibt perfekt das knackige Gefühl, wenn man Mais direkt vom Kolben isst. Winzig kleine Explosionen süßer Säfte.

Mais ist eine delikate Quelle der Süße, ob er nun direkt vom Kolben genossen wird oder abgeschnitten und in Butter gebraten oder in Sahne gedünstet.

Die einfachste Art, den Mais vom Kolben zu schneiden, ist, den ganzen Kolben zu halbieren und mit der Schnittfläche nach unten auf ein Schneidebrett zu legen. Schneiden Sie die Maiskörner dann mit einem scharfen Messer am Kolben entlang ab.

1.
2.
2.
3.
4.
4.
4.
5.

TOMATE

Saison

In Nordeuropa: Juli–September
In Südeuropa: Mai–September
Grüne Tomaten: im Oktober

Qualitäts-Check

Die Tomaten müssen tiefrot (wenn es sich um eine rote Sorte handelt) und fest sein sowie einen würzigen und starken Geruch haben.

Lagerung

Gewaschen, bei Zimmertemperatur

Rezepte

- One-Pot-Pappardelle (Seite 159)
- Aguachile von grünen Tomaten (Seite 221)
- Som-Tam-Papayasalat mit Kohlrabi (Seite 209)
- Stines Panzanella (Seite 225)
- Winterliche Bruschetta mit eingelegten Tomaten, eingelegten Pilzen und gegrilltem Mangold (Seite 237)
- Horiatiki — Griechischer Salat (Seite 241)
- Eingelegte Tomaten (Seite 145)

1. Kleine San-Marzano-Tomaten 2. große Staudentomaten 3. Kumato 4. Ochsenherz-Tomaten 5. Cherrytomaten an der Rispe

Tomatenpflanzen stehen in langen Reihen, oft mit Stützzäunen wie bei Weinstöcken. Vor der Ernte gibt es eine Fülle von Tomaten an den Pflanzen, und die tiefrote Farbe ergänzt das Grün der Pflanze aufs Schönste. Ein Tomatenfeld riecht intensiv und süß. Der Duft kann fast ein bisschen überwältigend sein, wenn man zwischen den Pflanzen hindurchgeht, und man sollte die Nase in den Himmel recken, um Luft zu holen. Bei Tomaten ist es wichtiger als bei anderen Gemüsesorten sich gut über die jeweilige Sorte zu informieren. Woher stammt sie? Wann wurde sie geerntet? Wie duftet sie? Wie soll sie sich anfühlen? Welche Farbe hat sie?

Es gibt weltweit mehr als 1.000 verschiedene Tomatensorten, von denen viele Kreuzungen älterer Sorten sind. Bislang sind drei Sorten durch die EU-Urheberrechtsvorschriften mit der g.g.A. bzw. g.U. geschützt: die sizilianischen Pachino-Tomaten sowie die San Marzano und Pomodorino del Piennolo del Vesuvio, die beide in Kampanien angebaut werden. Alle drei Sorten sind äußerst schmackhaft, knackig und duftend. San Marzano g.U. ist auch die Sorte, auf die man beim Kauf von geschälten Tomaten in Dosen achten sollte. Die spanischen Dulcita-Tomaten sind eine weitere kleine Sorte, die besonders schmackhaft ist. Süß, pikant, knackig. Die Ochsenherztomate, die von der Seite betrachtet einem Herz ähnelt, ist eine weitere besonders schmackhafte und nicht zuletzt dekorative Sorte. Ihre Außenseiten bestehen aus vielen widerspenstigen Wülsten und ihre Form ist oft abstrakt. Die besten Tomaten kommen aus den sonnigen Regionen Italiens, Spaniens und Frankreichs, und die besten Sorten werden im Freien angebaut und von Juni bis Oktober geerntet. Außerhalb dieses Zeitraums müssen Sie sich mit ausgezeichneten, aber weniger intensivschmeckenden Tomaten aus Gewächshäusern begnügen. Die besten Tomaten duften würzig, süß und feurig. Sie sind fest und von kräftiger Farbe. Sie schmecken nach Umami, Süße, Schärfe, Gewürzen: Thymian, Rosmarin, Lavendel. In eine gute Tomate zu beißen ist ein komplexes Erlebnis.

Die Tomate ist vielleicht die komplexeste Frucht im gesamten Gemüsereich und sollte vor dem Gebrauch möglichst nicht gewaschen werden. Schneiden Sie sie mit einem scharfen Messer, damit der Saft in jedem Stück oder jeder Scheibe erhalten bleibt. Sie können mit Salz gewürzt werden, was sie leicht dehydriert und die Süße konzentriert. Ein wenig Olivenöl passt gut zu Kräutern wie Basilikum oder Oregano. So lassen sich Tomaten am besten genießen.

1.
2.

AVOCADO

Saison

Avocados werden in Nordeuropa nicht angebaut, aber gute Sorten sind das ganze Jahr über aus verschiedenen Teilen der Welt erhältlich, denn die Avocado eignet sich gut für lange Transportwege.

Qualitäts-Check

Reife Avocados sind hart und grün. Einige verfärben sich im Laufe der Reifung dunkelbraun, aber nicht alle. Die besten Ergebnisse erzielen Sie, wenn Sie unreife Avocados kaufen und sie zu Hause nachreifen lassen. Eine Avocado ist reif, wenn sie bei leichtem Druck an der Spitze des Stiels nachgibt. Achten Sie jedoch darauf, dass Sie nicht zu fest oder zu weit auf die Avocado drücken, da sie sich beim Drücken braun verfärben kann

Lagerung

Lagern Sie unreife Avocados an einem kühlen, dunklen und trockenen Ort. Je wärmer sie gelagert werden, desto schneller reifen sie nach. Reife Avocados können eine Woche lang im Gemüsefach des Kühlschranks aufbewahrt werden, aber unreife Avocados sollten nicht im Kühlschrank aufbewahrt werden.

Rezepte

- Aguachile von grünen Tomaten (Seite 221)
- Guacachile (Seite 125)

1. Baconavocado 2. Hassavocado

Die Avocado wächst an großen, oft alten und knorrigen Bäumen. Die Bäume stehen weit verstreut in hügeligen Landschaften, vor allem in Mexiko, Südamerika und im Nahen Osten.

Über die politischen, ökologischen und ethischen Aspekte der Avocado-Produktion wird viel diskutiert. Wasserverbrauch, Abholzung, Unterbezahlung der Arbeiter und Verbindungen zur Mafia sind einige der Themen, die unter anderem von der New York Times und der Washington Post aufgedeckt wurden. Die Kritik ist jedoch stark übertrieben und stützt sich zudem auf spezifische Produktionsbedingungen, ohne andere, nachhaltigere Alternativen zu bewerten. Der Wasserverbrauch beim Anbau von Avocados ist im Vergleich zu den meisten anderen Gemüsesorten hoch. Dennoch wird für die Produktion von 1 kg Rindfleisch mehr als zehn Mal so viel Wasser benötigt wie für die Produktion von 1 kg Avocados. Das Gleiche gilt für den Flächenbedarf: Für die Erzeugung von 1 kg Avocados werden 13 Quadratmeter Land benötigt, für die Erzeugung von 1 kg Rindfleisch 326 Quadratmeter. Bei dieser Art von Diskussion kommt es immer auf die Perspektive an. Und die Perspektive ist in diesem Fall, dass Avocados relativ betrachtet ein sehr nachhaltiges Lebensmittel sind.
Es ist besonders wichtig, die Kritik an Avocados zu erörtern, weil es sich um einen ganz einzigartigen Rohstoff handelt und es kein anderes Gemüse gibt, das in einem gastronomischen Kontext dieselben Eigenschaften hat, weshalb sie eine besondere Bedeutung für die Verbreitung der gemüseorientierten Küche hat. Avocados sind fettig, cremig und unglaublich reichhaltig im Geschmack. Wie Eier können sie eine fleischlose Mahlzeit für diejenigen ergänzen, die es gewohnt sind, Fleisch zu einer Mahlzeit zu essen.

Eine der köstlichsten Arten, die einzigartigen Eigenschaften der Avocado zu genießen, besteht darin, sie zu halbieren und mit Zitronenschale, Schnittlauch, Chili, Olivenöl und Salzflocken zu würzen, um sie dann mit einem Teelöffel direkt aus der Schale zu essen.

Die reife Avocado wird der Länge nach halbiert. Dann wird ein Messer mit einem schnellen Schnitt in die Mitte des Steins eingeführt. Mit einer Drehung des Messers hebt man den Stein an und entfernt ihn. Anschließend wird mit einem Esslöffel das Avocadofruchtfleisch herausgehoben. Dabei immer wieder mit der Rückseite des Löffels die Schale abkratzen. Die halbierten Avocados können nun mit der Schnittfläche nach unten gelegt und nach Belieben in Scheiben geschnitten werden, z. B. mit feinen Schnitten an der kurzen Seite, wonach die Scheiben wie ein Fächer ausgebreitet werden können.

KONDIMENTE UND GEWÜRZE

KARDEMOMME
PEBER
SENNEP
ROSMARIN
NELLIKER
TIMIAN
GURKEMEJE
KANEL
CAYENNE
FENNIKEL
PAPRIKA
MUSKAT
KORIANDER
SECHUAN
OREGANO
SUMAK
LAURBÆR
CHILI
SPIDSKOMMEN
DEPUIS 1840
REINE DE DIJON
MOUTARDE
REGA
D.O.P.
HELLMANN'S
ORGANIC
MAYONNAISE
EU
KIMCHEE BASE
Spicy Chili Sauce
TABASCO
PEPPER SAUCE

UNVERZICHTBARE KONDIMENTE

Condiments ist ein Wort, das im Englischen sehr viel häufiger verwendet wird, als das deutsche Wort Kondiment. Es hat jedoch eine besondere Bedeutung, die durch andere Wörter nicht abgedeckt wird. Es bezieht sich nämlich auf verarbeitete Lebensmittel, die einem Gericht hinzugefügt werden, oft am Ende, um den Geschmack zu verbessern oder zu ergänzen. Gute Würzmittel sind unverzichtbare Begleiter in der Küche. Wir verwenden sie in diesem Buch reichlich, und im Folgenden stellen wir unsere persönlichen Favoriten vor. In diesem Abschnitt werden allerdings nicht alle unverzichtbaren hausgemachten Gewürze aufgeführt, da einige auch im Rezeptteil enthalten sind.

GESALZENE ANCHOVIES IN OLIVENÖL

Es gibt kaum eine Zutat, die einen größeren Einfluss auf das reichhaltige Aroma eines Gerichts hat als gesalzene Anchovis. Geben Sie ein paar dieser Sardellenfilets in die Tomatensauce eines Pastagerichts und Sie werden verzaubert sein. Plötzlich ist sie tief und intensiv. Oder denken Sie an das Dressing für einen klassischen Caesar Salad. Ein grüner Salat wird zu einer Umami-Bombe. Suchen Sie nach Sardellen, die nicht zu stark gesalzen sind und deren Filets schön weich sind. Diese sind in der Regel die teuersten. Zum Glück braucht man nur sehr wenig davon.

STÜCKIGE SAN-MARZANO-TOMATEN

Stückige Tomaten aus der Dose sind eines der meistunterschätzten Produkte. Die besten werden mit guten frisch geernteten San-Marzano-Tomaten hergestellt und sind in der Wintersaison unverzichtbar.

OLIVENÖL

Sie brauchen zwei Olivenöle. Das eine wird zum Braten, Kochen, Marinieren, für Cremes und allgemein wegen seiner Fettigkeit verwendet. Im Prinzip könnten Sie auf dieses Olivenöl verzichten und stattdessen ein beliebiges nicht aromatisiertes Öl verwenden – viele Köche würden es wahrscheinlich sogar vorziehen. Ich finde jedoch, dass das Frittieren in Olivenöl etwas Gemütliches hat. Deshalb habe ich immer sowohl ein Olivenöl mittlerer Qualität als auch ein richtig gutes Olivenöl in meiner Speisekammer. Das zweite Olivenöl, das man braucht – das wirklich gute –, sollte man als Würzmittel betrachten, also nicht wegen seiner Konsistenz nutzen, sondern um zu aromatisieren. Gute Olivenöle haben einen fantastischen, blumigen, krautigen, süßen und leicht bitteren Geschmack, der viele Gerichte wunderbar ergänzt. Sie müssen es ausprobieren und Ihr Lieblingsöl finden, aber Sie werden es sicher nicht im Supermarkt finden. Ein guter Anfang ist es, ein hochpreisiges natives Olivenöl Extra zu suchen, das aus einer einzigen namhaften Olivensorte hergestellt wird. Olivenöl sollte in einem dunklen Schrank oder einem lichtdichten Behälter gelagert werden, damit es frisch bleibt. Wenn Sie einen Schrank haben, in dem die Temperatur etwas niedriger ist als die Raumtemperatur, ist dies vorzuziehen.

SESAMÖL

Sesamöl ist ein unglaublich starker Geschmacksträger. Das Braten von Gemüse in Sesamöl verleiht ihm einen besonders süßen Charakter. Kaufen Sie die kleinste Flasche, die Sie finden können, das Öl sollte zu 100 % aus Sesam bestehen.

DÜNNE SOJASAUCE

Die dünne Sojasauce, die aus der thailändischen Küche stammt, ist wesentlich ausgewogener im Geschmack als die klassische chinesische oder japanische Sojasauce. Sie ist süßer, weniger salzig und generell dünner. Dadurch ist sie leichter zu verwenden als die eher schwere normale Sojasauce. Sie ist auch in Thai-Currys und schnellen Dressings unverzichtbar. Healthy Boy stellt eine gute Sauce her.

FISCHSAUCE

Eine Fischsauce hat etwas unbeschreiblich Köstliches an sich. Versuchen Sie, sie mit Limettensaft und frisch gehacktem Knoblauch zu mischen und jedes Gemüse darin zu schwenken. Purer Geschmack. Sie ist auch in einer Reihe von scharfen Gerichten aus Südostasien unverzichtbar. Tiparos stellt eine gute Sauce her.

TAHINI

Die klebrige Creme aus reinem Sesam ist kaum genießbar, wenn sie pur gegessen wird. Aber gemischt mit Wasser, Crème fraîche oder Öl ist sie himmlisch. Versuchen Sie, Tahini als Dressing für Kartoffelpüree zu verwenden oder eine dünne Sauce für gegrilltes Gemüse herzustellen. Kaufen Sie immer gesalzenes Tahini aus reinem Sesam.

MISO

Miso stellt Ihre Abkürzung zu Umami in grünen Gerichten dar: Sie können Gemüse damit marinieren oder eine Miso-Butter zum Anbraten herstellen. Wählen Sie ein braunes Miso in Pastenform (kein Pulver).

KIMCHI BASE

Diese unglaubliche Sauce schmeckt ein bisschen wie Kimchi, hat aber die Konsistenz von Ketchup, und es wäre fast einfacher aufzulisten, wofür man sie nicht verwenden kann.

CRISPY CHILI OIL

Dies ist das Glas, das ich am schnellsten in der Speisekammer leere, z. B. für knusprig fermentierte Sojabohnen mit gerösteten Zwiebeln, Chili, Sichuanpfefferkörnern und MNG (!!!!). Ganz schön oft brate ich einfach Gemüse an, schwenke es in knusprigem Chili-Öl und serviere Reis dazu. Es ist ein schnelles Abendessen und alle sind zufrieden.

MAYONNAISE

Sie brauchen zwei Mayonnaisen. Die eine, aus dem Glas, sollte eine scharfe, intensive Säure und einen ausgeprägten Fettgehalt haben. Das kann eine Aquafaba-Mayonnaise sein oder eine klassische Salatmayonnaise wie die von Hellmanns. Sie wird für Sandwiches, Burger und vor allem Pommes frites verwendet. Die andere Mayonnaise ist die, die man selbst herstellt und im Kühlschrank aufbewahrt. Sie wird für Dressings, Kartoffel- und Tomaten-Sandwiches usw. verwendet. Beide sind unverzichtbar.

SENF

Senf ist für viele Dressings und Saucen, etwa für Vinaigretten, unverzichtbar. Senf kann aber auch pur als Brotaufstrich oder zum Marinieren verwendet werden.

HOISIN

Hoisinsauce besteht aus Sojabohnen, Paprika und Knoblauch. Es ist eine dickflüssige süße Sauce, die sich ideal zum Marinieren oder mit Erdnussbutter gemischt als Dip eignet.

RÖSTZWIEBELN

Diese hätten auch im Rezeptteil stehen können, und sie schmecken am besten selbst gemacht, aber es ist auch wirklich schön, stets ein Glas mit Röstzwiebeln zur Hand zu haben. Ich verwende sie in vielen Reisgerichten, in Salaten und nicht zuletzt auf Sandwiches.

OPEN→
开→
老干妈
LAOGANMA
香辣脆油辣椒
Crispy Chilli in Oil
Net Weight: 210g
味
Herbamare®
A.Vogel
Bouillon • Buljong • Kasvisliemi
vegan
250 g e
Mc ILHENNY CO.
AVERY ISLAND LA.
BRAND
PEPPER SAUCE
60 ml

DEPUIS 1840
REINE DE DIJON
1840
MOUTARDE
DE DIJON
Uden konserveringsmidler
Utan konserveringsmedel
李錦記
LEE KUM KEE
CHILLI BEAN SAUCE
(Toban Djan)
辣豆瓣醬
368 g
EU
桃屋の
MOMOYA
甜辣醬

GEWÜRZE

Ein Vorrat einiger ausgewählter, hochwertiger getrockneter Gewürze ist in der Küche unverzichtbar. Sie sollten jedoch der Versuchung widerstehen, zu viele verschiedene und sehr spezielle Gewürze zu kaufen. Viele Rezepte enthalten spezielle Gewürzsorten, die man nie wieder verwenden wird. Diese werden oft in der hintersten Ecke des Gewürzschranks vergessen, der mit der Zeit zu einem unüberschaubaren Ungetüm wird. Die folgende Liste ist eine Auswahl an unverzichtbaren Grundgewürzen, die die meisten Aufgaben erfüllen können. Sie wurden außerdem so ausgewählt, dass sie sich zu einer breiten Palette von Gewürzmischungen kombinieren lassen, die unserer Meinung nach die einzigen Gewürze sind, die Sie brauchen.

A1: Fenchel
A2: Sternanis
A3: Lorbeer
A4: Kurkuma
A5: Schwarzer Pfeffer

B1: Zimt
B2: Rosmarin
B3: Nelken
B4: Chili
B5: Senfkörner

C1: Thymian
C2: Paprika
C3: Oregano
C4: Muskatnuss
C5: Kardamom

D1: Cayennepfeffer
D2: Sichuanpfeffer
D3: Koriandersamen
D4: Kümmel
D5: Sumach

GEWÜRZMISCHUNGEN

Aus den genannten Einzelgewürzen lassen sich folgende Mischungen herstellen:
Cajun: A2, A5, C2, C3, D1, D4
Fünfgewürzepulver: A1, A2, B3, C1, D2
Garam masala: A4, B1, B3, B4, C4, C5, D3, D4
Kräuter der Provence: B2, C3
Indisches Curry: A4, A5, B1, B3, B4, B5, D3, D4
Ras el-Hanout: Alle
Rogan Josh: A3, A4, A5, B1, B3, B4, C2, C4, C5, D3, D4
Tikka masala: A3, A4, A5, B1, C5, D3, D4

GEWÜRZE EINKAUFEN

Es gibt große Qualitätsunterschiede bei getrockneten Gewürzen. Kaufen Sie nach Möglichkeit ganze Einzelgewürze und zerkleinern Sie sie selbst, um ihre Frische zu bewahren. Suchen Sie einen guten Lieferanten, der biologische Gewürze verkauft, und achten Sie darauf, dass die Gewürze an einem dunklen Ort gelagert werden, z. B. in einem geschlossenen Schrank oder einem lichtdichten Behälter.

A.
B.
C.
D.
1.
2.
3.
4.
5.

REZEPTE

Es gibt viele verschiedene Meinungen darüber, wie ein Rezept am leichtesten zu verstehen ist und wie es am einfachsten geschrieben wird. Wir finden es gut, wenn es nicht zu viel zu lesen gibt und wenn die Anweisungen in mehrere Schritte gegliedert sind. Um die Textmenge in jedem Rezept auf ein Minimum zu beschränken, haben wir auf allgemeine Bemerkungen zur Verarbeitung der Rohstoffe verzichtet. Stattdessen haben wir einige allgemeine Richtlinien angegeben, die für alle Rezepte in diesem Buch gelten.

- Lesen Sie immer erst das gesamte Rezept durch, bevor Sie loslegen.
- Die Rezepte sind, wenn nicht anders angegeben, immer für einen Umluftofen gedacht.
- Zwiebeln und Knoblauch müssen, wenn nicht anders angegeben, geschält werden.
- Ungeschältes Gemüse muss immer unter kaltem Wasser abgespült werden.
- Bei der Verwendung von Paprika und Kürbissen in den Rezepten müssen stets die Kerne entfernt werden.
- Einige der Gerichte sind schwierig und erfordern möglicherweise mehrere Versuche, bis sie perfekt gelingen. Daher sollten Sie sie mehrmals zubereiten, bis Sie die Technik oder die Zubereitung, die das Gericht schwierig macht, beherrschen.
- Salz, Pfeffer und Olivenöl werden nur dann in der Zutatenliste aufgeführt, wenn eine abgemessene Menge erforderlich ist. In anderen Fällen werden sie zum Würzen und Braten verwendet, ohne in der Zutatenliste aufzutauchen.
- Die Zeitangabe entspricht der Gesamtzeit, die vom Beginn des Kochens bis zum Servieren des Gerichts vergeht. Die aktive Kochzeit ist meist kürzer.
- Wir machen oft Vorschläge für Beilagen wie Kräuter oder Nüsse. Diese sollten als mögliche Ergänzungen betrachtet werden, sind aber keinesfalls etwas, mit dem das Gericht steht und fällt.

KERN
ON
OFF
TARE
UNIT
triangle

GENIALE CREMES UND DIPS

Dieses Kapitel ist weichen Texturen und intensiven Aromen gewidmet: Gemüsecremes, Saucen und Vinaigretten. Viele der folgenden Rezepte sind Teil einer Mahlzeit und sehr oft das Element, das die ganze Mahlzeit zusammenhält

1.
2.

3.
6.
4.
5.

GEMÜSECREMES

Die folgenden Rezepte arbeiten mit dem Gemüse als Hauptzutat in einer Creme, die sowohl als Füllung als auch als Geschmackszutat verwendet werden kann. Viele der Cremes, wie z. B. Romesco und Baba Ganoush, gehören zu meinen absoluten Lieblingen. Es ist eine gute Idee gleich größere Portionen dieser Cremes herzustellen, sie halten sich gut eine Woche im Kühlschrank.

1. Harissa

- 5 Teile rote Paprika
- 2 Teile ganze getrocknete rote Chilischoten
- wahlweise Knoblauch, Kreuzkümmel, Koriandersamen
- Olivenöl

1. Heizen Sie einen Grill oder einen Backofen auf maximale Umlufttemperatur mit Oberhitze vor.
2. Spülen Sie die Paprikaschoten ab, legen Sie sie auf den Grill oder in eine Auflaufform und backen Sie sie etwa 15–20 Min., bis die Haut verbrannt ist und sie ganz weich sind.
3. Wenn die Paprikaschoten etwas abgekühlt sind, entfernen Sie die Samen und die verbrannte Haut. Schneiden Sie das Fruchtfleisch in kleinere Stücke.
4. Legen Sie die getrockneten Chilischoten in kochendes Wasser und lassen Sie sie 5 Min. einweichen. Das Wasser abgießen, die Stiele entfernen und das Fleisch in kleine Stücke schneiden.
5. Die trockenen Gewürze in einer Pfanne ohne Fett bei mittlerer bis niedriger Hitze etwa 4–5 Min. unter Rühren rösten, bis sie stark zu duften beginnen.
6. Vom Herd nehmen und die Gewürze in einen sehr großen Mörser geben und mit dem Stößel zu Pulver zerstoßen, dann Paprika und Chili hinzufügen und zu einer groben Paste verarbeiten.
7. Das Olivenöl unter Rühren hinzufügen, bis die gewünschte Konsistenz erreicht ist, und mit Salz und Pfeffer abschmecken.

2. Püree aus Wurzelgemüse

- 1 kg Wurzelgemüse (Sellerie, Karotte, Pastinake, Petersilienwurzel, Rote Bete)
- 100 ml Schlagsahne

1. Bringen Sie einen Topf mit Wasser (ohne Salz) zum Kochen.
2. Schälen Sie das Wurzelgemüse, spülen Sie es ab und schneiden Sie es in grobe Stücke. Kochen Sie die Stücke etwa 15 Min. lang in sprudelndem Wasser, bis sie sich ganz weich anfühlen, wenn man sie mit einem Löffel andrückt.
3. Gießen Sie das Wasser ab und pürieren Sie die Stücke in einem Standmixer oder mit einem Schneebesen oder einem Pürierstab, bis eine cremige Textur erreicht ist. Geben Sie nach und nach die Sahne hinzu, um die optimale Konsistenz zu erreichen. Wenn die Sahne nicht ausreicht, Wasser hinzufügen.
4. Mit Salz abschmecken.

3. Baba ganoush

- 2 Auberginen
- wahlweise Knoblauch, Kreuzkümmel, Sumach, Koriandersamen

1. Heizen Sie einen Grill oder einen Backofen auf maximale Umlufttemperatur mit Oberhitze vor.
2. Mit einer Gabel Löcher in die Aubergine stechen und auf den Grill oder in eine Auflaufform legen. Etwa 20–30 Min. backen, bis die Aubergine ganz weich ist und sich die Haut ablöst.

- 50 ml gutes Olivenöl
- Zitronensaft

3 Die Haut von der Aubergine abziehen und das Fruchtfleisch in ein hohes Glas oder eine Schüssel geben und mit den Gewürzen und dem Olivenöl mit einem Stabmixer pürieren. Mit Zitronensaft, Salz und Pfeffer abschmecken und nach Belieben mit Granatapfelkernen bestreuen.

4. Romesco

- 500 g Tomaten
- 2 Knoblauchzehen
- 1 getrocknete ganze Chili
- 25 g Haselnüsse
- 50 g altbackenes Brot o. Semmelbrösel
- 25 g Mandeln
- 200 ml gutes Olivenöl

1 Heizen Sie einen Grill oder einen Backofen auf maximale Umlufttemperatur mit Oberhitze vor.
2 Die Tomaten waschen, oben kreuzweise einschneiden und mit dem Knoblauch in eine Auflaufform geben.
3 Etwa 15 Min. backen, bis die Tomaten leicht gebräunt sind.
4 Die getrockneten Chilischoten in kochendes Wasser geben und 5 Min. einweichen lassen. Das Wasser abgießen und aufbewahren; die Stiele entfernen.
5 Nüsse, Mandeln und Semmelbrösel in eine Pfanne geben und bei mittlerer Hitze unter Rühren etwa 5–10 Min. rösten, bis alles gleichmäßig gebräunt ist.
6 Alle Zutaten in einen Standmixer geben und auf hoher Stufe zu einer feinen, homogenen Creme verarbeiten. Etwas von dem Chiliwasser hinzugeben, wenn der Mixer nicht »zugreifen« kann.
7 Mit Salz und Pfeffer abschmecken.

5. Fluffige Bohnen- oder Kichererbsencreme (Hummus)

- mind. 600 g vorgekochte Favabohnen o. Kichererbsen
- 50 g Tahini
- Saft von ½ Zitrone
- wahlweise Knoblauch, Kreuzkümmel, Sumach, Koriandersamen, geräucherter Paprika
- einige Eiswürfel

1 Geben Sie die Favabohnen oder Kichererbsen in eine Küchenmaschine und pürieren Sie sie einige Minuten lang auf höchster Stufe, bis sie eine kittartige Konsistenz haben. Tahini, Zitronensaft und Gewürze hinzufügen und 5–6 Min. weiterpürieren. Etwa einmal pro Minute 1 Eiswürfel hinzufügen, bis die Creme eine luftige und glatte Konsistenz hat. Mit Salz und Zitronensaft abschmecken.

6. Guacachile

- 100 ml Zitronensaft
- 1 Bund frisches Koriandergrün mit Stielen
- 3 Avocados
- 3 frische Jalapeños
- 1 Zwiebel
- 1 Knoblauchzehe
- 25 ml Wasser
- 2 EL gutes Olivenöl

1 Alles zusammen in einem Standmixer pürieren und mit Salz abschmecken. Diese Guacachile sollte etwas flüssiger sein, als eine herkömmliche Guacamole, also etwas Wasser hinzufügen, wenn sie zu fest erscheint.

1.
2.
3.

5.
6.
7.
4.
8.

SAUCEN

Eine gute Sauce rundet ein Gericht ab. Sie ist oft das wichtigste Element einer Mahlzeit. Oder zumindest das Element, an das man sich später erinnert. Der Duft, die Textur, der Geschmack. Es ist die Sauce, die die Sinneseindrücke dominiert.

1. Himmlische Sauce

- 200 ml Hühnerbrühe
- 200 g Butter gewürfelt
- Schnittlauchröllchen o. schwarzer fermentierter Knoblauch nach Gusto

1 Die Brühe um die Hälfte reduzieren. Die Butter hinzufügen und mit einem Stabmixer pürieren, bis die Sauce homogen ist. Mit Gewürzen, Salz und Pfeffer abschmecken.

2. Beurre blanc

- 200 ml trockener Weißwein
- 250 g kalte Butter
- 1 EL frischgemahlener schwarzer Pfeffer

1 Den Weißwein in einen Topf geben und bei starker Hitze auf die Hälfte reduzieren. Die Butter in Würfel schneiden und wieder in den Kühlschrank stellen. Wenn der Wein reduziert ist, die Hitze auf niedrigste Stufe zurückschalten. Die Butterwürfel unter ständigem Rühren einzeln in den Wein geben, den neuen Würfel immer erst dazugeben, wenn der vorherige sich vollständig aufgelöst hat. Wenn die gesamte Butter eingearbeitet ist, die Sauce vom Herd nehmen und mit Salz und Pfeffer abschmecken.

3. Braune Buttersauce

- 200 g Butter
- 1 Gläschen Kapern
- 1 Schalotte

1 Die Butter in einen hohen Topf geben (die Butter wird sehr heiß und kann spritzen, daher sollte der Topf höher sein, als Sie denken). Erhitzen Sie die Butter bei mittlerer Hitze und lassen Sie sie unter regelmäßigem Rühren 5–10 Min. köcheln, bis sie eine goldbraune Farbe angenommen hat. Es ist wichtig, dass die Butter nicht zu braun wird. Sie sollte nussig duften und goldbraun werden.

2 Kapern und die feingehackte Schalotte hinzufügen und mit Salz, Pfeffer, Zucker und Essig abschmecken.

4. Gemüsesahnesauce

- 250 ml Sahne (38 % Fett)
- 250 g blanchiertes, sehr feingeschnittenes o. -gehacktes Gemüse (z. B. Karotten, grüne Erbsen, Lauch, Zwiebeln)
- 1 Handvoll gehackte Kräuter (z. B. Petersilie, Liebstöckel o. Estragon)

1 Die Sahne in einen Topf geben und bei mittlerer Hitze einkochen lassen, bis sie anfängt, dick und cremig zu werden. Das blanchierte Gemüse zugeben und erneut cremig einkochen lassen.

2 Die Kräuter zugeben und mit Salz und Pfeffer abschmecken.

5. Mehlschwitze mit Käse

- 25 g Butter
- 2 EL Weizenmehl
- 200 ml Vollmilch
- mind. 50 g Hartkäse (z. B. Pecorino o. Vesterhavsost)

1 Eine Kasserolle oder einen Stieltopf, vorzugsweise mit abgerundetem Boden, damit sich die Sauce leichter mit dem Schneebesen aufschlagen lässt, bei mittlerer Hitze heiß werden lassen.

2 Butter und Mehl zugeben und 1 Minute lang rühren. Die Milch nach und nach dazugeben und kräftig rühren, um Klumpen zu vermeiden, bis die Sauce die richtige cremige Konsistenz hat. Vom Herd ziehen und soviel Käse hineinreiben, bis man sich fast schon schämt. Mit Salz und Pfeffer abschmecken.

6. Mormondressing

- Saft von ½ Zitrone
- 100 ml Sahne (38 % Fett)

1 Den Zitronensaft in die Sahne rühren, bis die Sahne beginnt einzudicken, mit Salz, Pfeffer und Zucker abschmecken.

7. Hollandaise

- Saft von ½ Zitrone
- 2 Eigelb
- 200 g Butter (geschmolzen)

1 Lassen Sie eine Pfanne bei niedriger bis mittlerer Hitze heiß werden. Stellen Sie einen Kochtopf in die Pfanne. So wird die Sauce nicht zu stark erhitzt, und es besteht weniger Gefahr, dass sie sich trennt.

2 Den Saft der Zitrone und etwas Salz in den Topf geben. Die Eigelbe hinzufügen und mit dem Schneebesen schlagen, bis die Masse dickflüssig wird (fast wie Mayonnaise). Im Zweifelsfall etwas mehr schlagen, aber immer darauf achten, dass die Temperatur 70 °C nicht übersteigt.

3 Wenn die Eimasse legiert ist und eine schöne glatte Konsistenz hat, langsam die Hälfte der Butter mit dem Schneebesen vorsichtig tröpfchenweise unterrühren, danach können Sie die restliche Butter in einem sanften Strahl in die Sauce gießen, wobei Sie weiterhin mit dem Schneebesen rühren.

4 Achten Sie darauf, dass die Butter und die Eimischung in etwa die gleiche Temperatur haben und dass die Butter nicht zu heiß ist – 60 °C ist für beide ideal.

5 Würzen Sie die Sauce nun mit Salz und Pfeffer und bei Bedarf mit etwas Zitronensaft.

8. Gesalzener Joghurt

- 200 ml zimmerwarmer griechischer Joghurt
- optionale Gewürze (z. B. geriebener Knoblauch, Oregano o. geräuchertes Paprikapulver)

1 Den Joghurt in eine Schüssel geben und mit Salz und Gewürzen abschmecken.

1.
2.
3.
4.
5.

9.
8.
10.
6.
7.

VINAIGRETTEN

Öl und Essig bilden in der kulinarischen Welt eine unglaubliche Partnerschaft. Das Interessante an dieser besonderen Paarung ist nämlich, dass sie so gegensätzlich sind. Essig ist extrem, scharf, spitz, heftig, unbarmherzig. Öl ist weich, reichhaltig, umhüllend, betäubend. Allein sind sie schwer zu genießen, aber zusammen explodieren sie in einer gewaltigen geschmacklichen Ekstase.

1. Tahini-Dressing

- 1 Knoblauchzehe
- 2 EL Tahini
- etwa 25 ml Wasser
- 2 EL Zitronensaft

1. Den Knoblauch in eine Schüssel reiben und mit Tahini, Wasser und Zitronensaft kräftig verrühren.
2. Mit Salz und Pfeffer abschmecken.

2. Frisches Chutney

- 50 g Koriandergrün u./o.
- Minze
- 1 grüne Chilischote
- ½ EL geriebener Ingwer
- 1 Knoblauchzehe
- Saft von 1 Limette o. Zitrone
- 50 g Trockenfrüchte: z.B. Rosinen, Pfirsiche oder Aprikosen

1. Die ersten vier Zutaten in einen Mixer geben und mit ein wenig Wasser zu einer homogenen Sauce verarbeiten.
2. Mit Salz, Limetten- o. Zitronensaft und feingehackten Trockenfrüchten abschmecken.

3. Kräuter- o. einfache Mayonnaise

- 2 Eigelb von mittelgroßen Eiern
- 2 EL Zitronensaft
- ½ TL feines Salz
- 300 ml grünes Öl (Seite 137) o. neutrales Öl

1. Eigelb in einer Schüssel mit dem Zitronensaft und dem Salz verquirlen.
2. Unter gründlichem Rühren nach und nach tröpfchenweise Öl hinzufügen.
3. Sobald das Äquivalent von etwa 4 EL Öl in die Mischung gerührt wurde, können Sie einen kontinuierlichen dünnen Strahl in die Mischung gießen, während Sie dabei gründlich schlagen, bis die Masse glatt und eingedickt ist.
4. Schmecken Sie die Mayonnaise mit Salz und Zitronensaft.
5. Je mehr Öl hinzugefügt wird, desto dicker wird die Mayo. Mayonnaise lässt sich auch gut mit einem Pürierstab zubereiten.

4. Salzzitronen-vinaigrette

- 1 Teil Salzzitrone (Seite 140)
- 2 Teile grünes Öl (Seite 137)
- 1 Teil leichter Essig (Apfel- o. Weißweinessig)
- einige getrocknete Gewürze wie Thymian o. Oregano

1. Das Fruchtfleisch und die Schale der Zitrone hacken und mit allen weiteren Zutaten kräftig verrühren.

5. Gremolata

- 2 Knoblauchzehen
- abgeriebene Schale von 1 Zitrone
- ½ Bund glatte Petersilie

1 Reiben Sie den Knoblauch u. Zitronenschalen in eine Schüssel.
2 Hacken Sie die Petersilie schön fein und rühren Sie sie in die Schüssel.
3 Mit etwas Olivenöl und Salz abschmecken.

6. Chimichurri

- 1 Bund glatte Petersilie, Kerbel o. Brunnenkresse
- 1 Knoblauchzehe
- 1 EL getrockneter Oregano
- 2 EL heller Essig (z.B. Apfel- o. Weißweinessig)
- Olivenöl nach Geschmack

1 Die Kräuter grobhacken und den Knoblauch auf der feinen Seite einer Reibe reiben. Mit dem Oregano mischen und mit Essig, Salz und Pfeffer abschmecken.

7. Einfache Ponzusauce

- 1 Teil dünne Sojasauce
- 1 Teil Zitrussaft (z.B. Yuzu, Limette o. Zitrone)

1 Die Zutaten in einer Schüssel kräftig verrühren.

8. Pesto

- 1 Knoblauchzehe
- 1 Bund Basilikum oder glatte Petersilie
- 100 g Mandeln, Erdnüsse, Pinien- o. Sonnenblumen- o. Kürbiskerne
- 50 g Hartkäse (z.B. Parmesan)
- 300 ml gutes Olivenöl

1 Den Knoblauch in kleine Stücke schneiden, mit etwas Salz in einen Mörser geben und zerstoßen. Die Kräuter dazugeben und weiter zerstoßen, bis eine Paste entsteht.
2 Die Nüsse oder Kerne hinzufügen und zerstoßen.
3 Den Käse in das Pesto reiben und mit einem Löffel gut verrühren.
4 Dann das Olivenöl nach und nach hinzufügen. Das Pesto sollte dickflüssig sein, aber das Öl sollte sich noch leicht absetzen.
5 Mit extra geriebenem Käse und Salz abschmecken.

9. Nuoc cham

- 1–2 kleine grüne o. rote Chilis
- 1 Knoblauchzehe
- einige Stängel Koriandergrün
- 2 EL Fischsauce
- Saft von ½ Limette o. Zitrone
- 2 EL Honig o. Zuckersirup

1 Chili und Knoblauch in dünne Scheiben schneiden und den Koriander feinhacken.
2 Fischsauce, Limettensaft und Honig in eine Schüssel geben und gut verrühren. Je nach Geschmack mehr Limettensaft, Honig oder Fischsauce hinzufügen.
3 Chili, Knoblauch und Koriander hinzufügen und gut vermischen.

10. Senfvinaigrette

- 100 ml gutes Olivenöl
- 25 ml Waldmeisteressig (Seite 145) (o. weißer Balsamico o. Weißweinessig)
- 2 Knoblauchzehen
- feiner Senf

1 Olivenöl und Essig in eine große Schüssel geben und den geriebenen Knoblauch hinzufügen.
2 Gut verrühren und den Senf hinzufügen, bis die Vinaigrette anfängt einzudicken, das Öl sich aber immer noch leicht absetzt. Mit Salz und Pfeffer abschmecken.

MARINIERT, FERMENTIERT UND AUFGEGOSSEN

Selbst wenn manche Gemüsesorten in den Wintermonaten am besten gedeihen, gibt es doch einen guten Grund, sich im Sommer eine ordentliche Gemüsevorratskammer anzulegen. Einige der besten Aromen kommen erst in einem Einmachglas zur Geltung, gerade auch dann, wenn das frisch geerntete Gemüse nicht genießbar ist, wie etwa bei Bärlauchkapern oder Waldmeister. Viele der Rezepte auf den folgenden Seiten gehören zu den unverzichtbaren Grundgeschmacksgebern in meiner Küche und machen oftmals aus einem alltäglichen Gericht ein außergewöhnliches Geschmackserlebnis.

Kochen Sie Ihre Schraubgläser vor dem Gebrauch immer gründlich aus. Achten Sie darauf, dass das jeweilige Einzumachende immer von der Marinade oder dem Öl bedeckt ist, bevor sie die Gläser verschließen.

Grünes Öl

- 1 Teil weiche Kräuter (z. B. Petersilie, Dill, Bärlauch, Estragon, Schnittlauch, Brunnenkresse o. Basilikum. Koriander o. Minze nicht verwenden)
- 2 Teile neutrales Öl (es muss genug Öl sein, damit das Mixen funktioniert)

1 Die Blätter von den Stielen zupfen und abspülen. In einer Salatschleuder oder einem trockenen Tuch gründlich trockenschleudern. Geben Sie die Blätter nun mit dem Öl in einen Standmixer und pürieren Sie die Masse 7 Min. lang auf höchster Stufe. Die Mischung durch ein feines Sieb oder ein sauberes Tuch gießen und das Öl durchsickern lassen (das Püree kann sehr gut für ein Pesto verwandt werden).

2 Nachdem das Öl eine Weile gestanden hat, setzt sich überschüssiges Wasser unten im Topf ab. Daher empfiehlt es sich, das Öl mit einem Löffel oder einer Kelle in eine neue Schüssel umzufüllen.

3 Bewahren Sie das Öl in einem verschlossenen Behälter im Kühlschrank auf – am besten gefroren.

Aufgussöl

- 1 Teil feste Kräuter (z. B. Thymian, Zitronenthymian, Rosmarin, Salbei, Oregano o. Majoran)
- 2 Teile neutrales Öl

1 Das Öl und die Kräuter in einen Topf geben und erhitzen, sodass das Öl um die Kräuter herum leicht zu sieden beginnt. Etwa 10 Min. köcheln lassen, bis das Aroma ins Öl übergegangen ist (die Kräuter sollten dabei keine Farbe nehmen). Lassen Sie das Öl abkühlen, seihen Sie es dann ab und entsorgen Sie die Kräuter.

2 Bewahren Sie das Öl in einem verschlossenen Behälter im Kühlschrank auf – am besten gefroren.

Chili-Öl

- 1 Teil getrockneter Chili: Pulver o. Flocken o. ganze Schoten (wenn man die Kerne entfernt, wird das Öl weniger scharf und bitter)
- 4 Teile neutrales Öl

1 Das Öl in einen Topf geben und bei starker Hitze erhitzen, bis es etwa 220 °C erreicht hat (wenn Sie kein Thermometer haben: Das Öl ist heiß genug, wenn es zu rauchen beginnt).

2 Geben Sie den getrockneten Chili in eine große feuerfeste Schüssel oder in eine Pfanne.

3 Gießen Sie das heiße rauchende Öl über die Chilis und rühren Sie vorsichtig, um die Chilis zu rösten.

4 Lassen Sie das Öl abkühlen, pürieren Sie es und bewahren Sie es in einem luftdichten Behälter auf. Bei Zimmertemperatur ist es bis zu einem Monat haltbar, im Kühlschrank sogar noch länger.

Ungefiltertes Bärlauchöl

Kimchi

- 1 Chinakohl (o. anderer Kohl)
- 4 Äpfel u./o. Birnen
- 2 EL Salz
- 10 Knoblauchzehen
- 1 Zwiebel
- 50 g Chilipulver (vorzugsweise koreanisches – nehmen Sie eine geringere Menge, wenn Sie das Kimchi weniger scharf mögen)
- 3 EL Sojasauce
- 3 EL Fischsauce
- 1 EL getrocknete Garnelen

1 Schneiden Sie den Chinakohl in mundgerechte Stücke und Äpfel und/oder Birnen in kleine Würfel. In eine große Schüssel geben, gut mit dem Salz vermischen und über Nacht im Kühlschrank ziehen lassen.

2 Knoblauch, Zwiebel, Chili, Soja- und Fischsauce sowie die Garnelen zu einer Paste verarbeiten. Wasser hinzufügen, bis die Paste die Konsistenz von Ketchup hat.

3 Das Wasser aus der Kohlmischung abgießen. Die Paste dazugeben, gut durchschwenken, in Schraubgläser füllen und im Kühlschrank aufbewahren (der Kohl fängt im Kühlschrank an zu gären, also entweder den Deckel nicht fest verschließen oder regelmäßig öffnen, damit das Gas entweichen kann). Kimchi ist bereits nach einer Woche köstlich und erreicht nach zwei Wochen seinen Höhepunkt. Es ist bis zu zwei Monate haltbar.

4 Probieren Sie das Kimchi nach einer Woche. Wenn es zu salzig ist, fügen Sie etwas mehr gehackten Kohl hinzu. Nach einer Woche erneut probieren.

Bärlauchknospen und gebeizte Bärlauchkapern

- Bärlauchknospen (Saison März–Anfang Mai, wenn der Bärlauch beginnt zu blühen)
- reichlich grobes Salz
- Apfel- o. Weißweinessig für die gebeizten Bärlauchkapern

1 Die Knospen abspülen und in eine Schüssel geben. Die Knospen mit reichlich Salz bestreuen und gut umrühren. Die Knospen in ein der Menge entsprechendes Schraubglas geben und einen Monat lang bei Zimmertemperatur ziehen lassen.

2 Wenn Sie gebeizte Bärlauchkapern möchten, spülen Sie die Knospen in kaltem Wasser ab, um überschüssiges Salz zu entfernen. Das Wasser entsorgen, die Knospen wieder in das Schraubglas geben und mit dem Essig auffüllen.

Marokkanische Salzzitronen

- Zitronen
- viel Salz

1 Schneiden Sie ein senkrechtes Kreuz in die Zitronen, ohne sie durchzuschneiden, damit die Zitrone noch zusammenhält. Die Zitronen in eine Schüssel geben und innen und außen gründlich einsalzen, in ein Schraubglas geben und fest aufeinandergedrückt stapeln. Mit einer guten Schicht Salz bedecken und mindestens einen Monat lang mit geschlossenem Deckel ruhen lassen.

Eingelegte grüne Holunderbeeren

- grüne Holunderbeeren (Saison Anfang August, kurz bevor sie rot werden)
- viel grobes Salz
- Apfel- o. Weißweinessig

1 Die Beeren waschen und in eine Schüssel geben, mit reichlich Salz bestreuen und gut umrühren. Die Beeren in ein der Menge entsprechendes Schraubglas geben und einen Monat lang bei Zimmertemperatur ziehen lassen.

2 Die Beeren mit kaltem Wasser abspülen, um überschüssiges Salz zu entfernen. Das Wasser entsorgen, die Beeren wieder in das Schraubglas geben und mit kochend heißem Essig übergießen. Im Kühlschrank aufbewahren.

In Öl eingelegte Pilze

- verschiedene Wild- o. Zuchtpilze
- 1 Teil neutrales Öl
- 1 Teil Essig (Apfel-, Reis- o. Weißweinessig)

1 Ein Schraubglas zu etwa 80 % mit Pilzen füllen und mit Öl u. Essig bedecken. Stellen Sie das Glas (ohne Deckel) in einen Topf und und gießen Sie Wasser in den Topf, bis das Schraubglas bis zum Rand im Wasser steht. Lassen Sie das Wasser 10 Min. lang köcheln. Das Glas aus dem kochenden Wasser nehmen und mit dem Deckel verschließen.

Salzzitrone

Eingelegte Gurken in Allround-Marinade[2]

Allround-Marinaden

Allround-Marinade[1]
(Essiggärung)
- 1 Teil Apfelsaft
- 1 Teil Essig
- feines Salz, es soll 1% des Gesamtgewichts von Apfelsaft und Essig entsprechen
- optionale Aromastoffe wie Lorbeerblätter, Pfefferkörner, Chili, Knoblauch, Zitronenschale, Nelken, Anis, Fenchelsamen, Zimt usw. nach Gusto

Allround-Marinade[2]
- 1 Teil Zucker
- 2 Teile Wasser
- 2 Teile Essig
- optionale Aromastoffe wie Lorbeerblätter, Pfefferkörner, Chili, Knoblauch, Zitronenschale, Nelken, Anis, Fenchelsamen, Zimt usw. nach Gusto

1 Bringen Sie die Zutaten für die Marinade zum Kochen. Geben Sie das gewünschte Gemüse in ein Schraubglas und bedecken Sie es mit der kochenden Marinade.

2 Wenn Sie hartes Gemüse wie z. B. Wurzelgemüse verwenden, müssen Sie es vor dem Einlegen weichkochen und zerkleinern. An einem kühlen Ort lagern.

Allround-Salzlake

(Milchsäuregärung)
- Wasser
- feines Salz, es soll 3 % des Wassergewichts entsprechen
- optionale Aromastoffe wie Lorbeerblätter, Pfefferkörner, Chili, Knoblauch, Zitronenschalen, Nelken, Anis, Fenchelsamen, Zimt usw. nach Gusto

1 Stellen Sie Ihr Schraubglas auf eine Waage. Füllen Sie das Glas mit dem gewünschten Gemüse (ganz o. geschnitten). Schalten Sie die Waage ein. Füllen Sie das Glas mit Wasser und notieren Sie das Gewicht des Wassers.

2 Gießen Sie das Wasser aus dem Glas in eine große Schüssel und geben Sie 3 % des Wassergewichts als feines Salz hinzu. Verquirlen Sie die Lake, bis sich das Salz vollständig aufgelöst hat.

3 Gießen Sie die Lake zurück in das Glas. Fixieren Sie das Gemüse mit einem Stein, zerknüllter Frischhaltefolie o. ä. Es ist wichtig, dass das Gemüse immer unter Wasser steht. Deckel verschließen.

4 Bewahren Sie das Glas im Küchenschrank auf. Öffnen Sie den Deckel in der ersten Woche etwa einmal am Tag, um Kohlendioxid freizusetzen. Wann die Gärung abgeschlossen ist, ist je nach Gemüse unterschiedlich, aber probieren Sie es nach fünf Tagen schon mal aus. Danach sollte das Glas verschlossen bleiben, und das Gemüse muss immer von Wasser bedeckt sein.

Jalapeño-Escabeche

- 200 g Jalapeñoschoten
- 200 g Karotten
- 1 Zwiebel
- 3 Knoblauchzehen
- Allround-Marinade[1] o. Allround-Marinade[2]

1 Halbieren Sie die Chilis, schneiden Sie die Karotten und die Zwiebel in mundgerechte Stücke und lassen Sie die Knoblauchzehen ganz. Die Karotten in Olivenöl etwa 5 Min. bei mittlerer Hitze anbraten, dabei gelegentlich umrühren. Dann Chili, Zwiebel und Knoblauch zugeben und einige Minuten weiterbraten. Mit einer der Allround-Marinaden bedecken und ein paar Minuten kochen lassen. Den Inhalt in Schraubgläser füllen, verschließen und im Kühlschrank aufbewahren.

Fermentierte gegrillte Habanero

- Habanero-Chilis (Sie können auch rote Paprikaschoten nehmen, wenn es nicht zu scharf sein soll)
- Salzwasser, wobei das Salz 3 % des Wassergewichts ausmachen soll

1 Die Habanero-Chilis auf einem heißen Grill oder in einer Pfanne ohne Öl grillen, bis sie auf einer Seite ganz schwarz und leicht zusammengefallen sind. In einem Schraubglas gut zusammendrücken und mit dem Salzwasser bedecken; die Chilis fangen an zu gären, also entweder den Deckel nicht verschließen oder regelmäßig öffnen, damit das Gas entweichen kann. Nach einer Woche sind sie fermentiert. Im Kühlschrank aufbewahren. Um die beste Chilisauce der Welt herzustellen, können diese Habaneros mit Knoblauch, Zucker und getrockneten Gewürzen aromatisiert werden.

Holunderblütenessig

- Holunderblüten (Mai–Juli)
- leichter Essig

1 Holunderblüten in eine Flasche oder ein Schraubglas füllen und mit Essig bedecken. Stellen Sie die Flasche (ohne Deckel) in einen Topf und gießen Sie Wasser in den Topf, bis die Flasche oder das Schraubglas bis zum Rand im Wasser steht. Bringen Sie das Wasser auf Siedetemperatur (es muss nicht kochen) und lassen Sie es 10 Min. lang sieden. Nehmen Sie die Flasche aus dem Wasser und verschließen Sie sie.

Waldmeisteressig

- Waldmeister (zur Blütezeit: Anfang April–Juni)
- leichter Essig

1 Den Waldmeister in eine Flasche oder ein Schraubglas füllen und mit Essig bedecken. Vor Gebrauch mindestens zwei Wochen ziehen lassen.

Eingelegte Tomaten

- Tomaten, die 4/5 der zu verwendenden Gläser ausfüllen (es können sowohl große als auch kleine verwendet werden)
- einige Spritzer gutes Olivenöl
- Kräuter nach Gusto

1 Die Tomaten etwa 30 Sek. lang in kochendes Wasser geben und dann in eine Schüssel mit kaltem Wasser umfüllen. Wenn die Tomaten abgekühlt sind, das Wasser abgießen und die Haut abziehen.
2 Die Tomaten mit Olivenöl, Salz und ggf. Kräutern vermengen.
3 Die Tomaten in Gläser geben, zu 4/5 füllen und mit Wasser bedecken. Die Deckel locker aufsetzen und die Gläser in einen großen flachen Topf stellen. Gießen Sie Wasser in den Topf, bis die Gläser etwa zur Hälfte im Wasser stehen. Das Wasser zum Köcheln bringen und die Tomaten 3 Stunden lang köcheln lassen. Vom Herd ziehen und die Deckel fest aufschrauben.

Gebeizte Bärlauchkapern

Kimchi

In Öl eingelegte Pilze

Gebeizte Bärlauchkapern

HAUPTGERICHTE

STAUB

IM OFEN GEBRATENER BLUMENKOHL À LA MIZNON

Ich habe dieses Gericht zum ersten Mal in einem belebten und lauten kleinen Restaurant in Le Marais, Paris, namens Miznon *probiert. Das Restaurant ist immer einen Besuch wert. Der buttrige Blumenkohl wird mit drei fantastischen Saucen serviert, die man weglassen kann, wenn man Zeit sparen will, die aber die Zeit wert sind und sich im Kühlschrank lange halten.*

9 PERS. | 1 ½ STD

- 3 Blumenkohlköpfe (kann durch Brokkoli o. Romanesco ersetzt werden)

Für das grüne Paprikachutney

- 2 grüne Paprikaschoten
- 5 EL Sonnenblumenkerne
- 2 EL grüne Oliven
- ½ Bund glatte Petersilie (o. andere frische Kräuter)
- 50 ml leichter Essig (Reis-, Apfel- o.Weißweinessig)
- 100 ml gutes Olivenöl
- 50 ml Wasser

Für das rote Paprikachutney

- 2 rote Paprikaschoten
- 5 EL Sonnenblumenkerne
- 1 EL Rosinen (o. andere Trockenfrüchte)
- 50 ml leichter Essig (Reis-, Apfel- o. Weißwein)
- 100 ml gutes Olivenöl
- 50 ml Wasser

Für das Tahini-Dressing

- 1 Knoblauchzehe
- 2 EL Tahini
- etwa 25 ml Wasser
- 2 EL Zitronensaft

Dazu passt

- Frisch gebackenes Brot oder Pita sowie ein frischer Salat (Seite 235)

Für den Blumenkohl

1. Den Backofen auf 250 °C vorheizen.
2. Einen sehr großen Topf mit Salzwasser zum Kochen bringen.
3. Die drei Blumenkohlköpfe 15 Min. kochen.
4. Ein Backblech mit Backpapier auslegen und den Blumenkohl mit einem Schaumlöffel auf das Blech geben.
5. Die Kohlköpfe gut mit Olivenöl beträufeln, mit Salz würzen und etwa 30 Min. backen, bis sie eine tiefe, dunkle Färbung annehmen. Es ist nicht schlimm, wenn sie schwarze Stellen haben. Gegebenenfalls das Backblech während des Backens drehen, damit der Kohl gleichmäßig röstet.
6. Mit reichlich Flockensalz würzen.

Für die beiden Paprikachutneys

1. Die Paprikaschoten auf einem Grill, in einer trockenen Pfanne oder im Backofen von allen Seiten anbraten, bis sie ganz weich sind.
2. Die verbrannte Haut der Schoten abkratzen und den Stiel entsorgen (die Kerne lassen).
3. Das Fruchtfleisch der roten und der grünen Schoten jeweils mit einem Stabmixer oder in einer Küchenmaschine mit den restlichen Zutaten zu einer homogenen Flüssigkeit pürieren.
4. Mit Salz und Pfeffer abschmecken.

Für das Tahini-Dressing

- Den Knoblauch in eine Schüssel reiben und mit Tahini, Wasser und Zitronensaft kräftig verrühren.
- Mit Salz und Pfeffer abschmecken.

Serviervorschlag

Den Kohl direkt auf dem Backblech servieren. Das Dressing und die Chutneys dazu reichen.

TORTANG TALONG

Auf dieses indonesische Gericht stieß ich ganz zufällig bei der Recherche zu den Auberginen (Seite 89). Ich fragte Anders, ob er versuchen könnte, ein Rezept dafür zu entwickeln, und er war sofort begeistert. Es ist eines dieser Gerichte, bei denen man gleich weiß, dass es gut ist. Weiches Auberginenfleisch, knuspriges Ei, gekochter Reis, frische Kräuter und Chilisauce. Ein perfektes grünes Gericht.

4 PERS. | 1 STD.

- 2 Auberginen

Für die Panade
- 5 Bärlauchblätter (o. 1 Knoblauchzehe)
- 1 rote Chilischote
- 2 Eier
- 1 EL Fischsauce
- 80 g Maisstärke

Zum Braten
- 2 EL Butter

Dazu passen
Gekochter Reis, frisches Blattgemüse und aromatische Kräuter, Nuoc-Cham-Sauce (Seite 133)

Für die Aubergine
1. Den Backofen auf 180 °C vorheizen.
2. Legen Sie die Auberginen in eine Auflaufform und stechen Sie mit einer Gabel Löcher hinein.
3. Backen Sie die Auberginen etwa 30 Min., bis sie ganz weich sind, wenn Sie mit einem Messer hineinstechen.
4. Lassen Sie die Auberginen etwa 20 Min. abkühlen, damit Sie die Haut abziehen können, ohne sich zu verbrennen.

Für die Panade
1. Die Frühlingszwiebel und die Chilischote feinhacken, mit den Eiern und der Fischsauce in eine Schüssel geben und gründlich verquirlen.
2. Die Maisstäke in einem tiefen Teller geben.

Fertigstellen
1. Ziehen Sie die Haut von den Auberginen ab, ohne den Stiel zu entfernen, und teilen Sie sie in der Mitte.
2. Ritzen Sie mit einer Gabel oder einem Messer Rillen in das Auberginenfleisch, damit es mehr Panade aufnehmen kann.
3. Eine Bratpfanne auf mittlerer bis hoher Temperatur erhitzen.
4. Die Auberginen durch die Eimischung ziehen und dann in der Speisestärke wälzen.
5. Die Butter in der Pfanne zergehen lassen und die Auberginen von jeder Seite 3–4 Min. braten, bis sie eine schöne Farbe haben.
6. Auf einen Teller geben und mit Reis, Gemüse, Kräutern und Chilisauce servieren.

ONE-POT-PAPPARDELLE

Dieses Rezept wurde für geschäftige Wochentage entwickelt. Der Grundgedanke dabei ist, jeden unnötigen Arbeitsgang und Abwasch zu vermeiden.

4 PERS. | 45 MIN.

Für das gebackene Gemüse

- etwa 1 kg Spätsommergemüse (z. B. rote Tomaten, rote Paprika, Auberginen, Zucchini und Zwiebeln)
- 10 Knoblauchzehen
- 2 EL Tomatenmark
- ½ Bund Thymian
- 50 ml gutes Olivenöl

Für das Pesto

- 3 EL Pinienkerne
- 1 Bund Basilikum
- 30 g Parmesan
- 100 ml gutes Olivenöl
- 1 ½ EL leichter Essig

Pasta

- 250 Pappardelle

Topping

- etwa 200 g Mascarpone o. Ricotta

Für das gebackene Gemüse

1. Den Backofen auf 225 °C vorheizen.
2. Schneiden Sie das Gemüse in grobe Stücke (Knoblauchzehen ganz lassen), geben Sie alles in eine Auflaufform und vermischen Sie es gut mit dem Tomatenmark, dem Thymian und dem Öl.
3. Backen Sie das Gemüse etwa 30 Min. lang, bis es Farbe genommen hat und ganz weich ist. Während des Backens umrühren, damit das Gemüse gleichmäßig röstet und nicht an der Form hängen bleibt.

Für das Pesto

1. Die Pinienkerne in einer trockenen Pfanne bei mittlerer Hitze etwa 5 Min. rösten, bis sie goldbraun sind.
2. Das Basilikum grobhacken.
3. Den Käse feinreiben.
4. Alle Zutaten miteinander vermischen und mit Salz und Pfeffer abschmecken.

Für die Pasta

1. Wenn das Gemüse fast gar ist, die Pasta in Salzwasser nach Packungsanweisung al dente kochen.
2. Die Pappardelle mit dem Gemüse in eine große Schüssel geben (das Kochwasser aufbewahren).
3. Die Pasta einige Min. lang gut mit dem heißen Gemüse verrühren und heißes Nudelkochwasser dazugeben, damit die Sauce schön cremig wird. Nudeln saugen viel Wasser auf, daher benötigen Sie mehr Kochwasser als Sie denken.
4. Mascarponestückchen auf den Nudeln anrichten und mit dem Pesto beträufeln.

GEGRILLTE FENCHELKRONEN

Einige Leute sind der Meinung, dass sich die grüne Küche nicht von der fleischbetonten Küche inspirieren lassen oder ihr nacheifern sollte. Wir sind da anderer Meinung. Nachahmung, Verweise, Inspirationen waren schon immer ein wichtiges Element in der gastronomischen Entwicklung. Wie bei überhaupt allen kreativen Prozessen. Wichtig ist, dass die neue Erfindung nicht einfach eine minderwertige Version dessen ist, worauf sie Bezug nimmt. Sie muss für sich selbst stehen können. So, wie diese zarten süß-würzigen Fenchelkronen.

2 PERS. | 20 MIN.

- 1 Fenchelknolle
- 25 g Butter
- Kräuter wie Knoblauch, Rosmarin, Salbei o. Thymian
- 1 Zitrone

Dazu passen

Pellkartoffeln und Braune Buttersauce (Seite 128)

1. Halbieren Sie den Fenchel, legen ihn mit der Schnittfläche nach unten in eine Pfanne und geben einen guten Schuss Öl hinzu.
2. Die Pfanne abgedeckt bei mittlerer Hitze heiß werden lassen, damit der Fenchel gleichzeitig anbrät und gedünstet wird.
3. Nach 5 Min. die Butter und die Kräuter hinzufügen.
4. Weitere 5 Min. ohne Deckel köcheln, bis der Fenchel eine schöne Farbe hat und zart ist.
5. Den Fenchel auf Tellern anrichten und mit Salz, Zitrone und der gebräunten Butter aus der Pfanne würzen.
6. Sofort servieren.

SPICY MISO RAMEN

Dieses Rezept ist für die Tage gedacht, an denen man einen ganzen Tag lang nichts anderes tun möchte, als ans Kochen zu denken. Diese japanische Suppe schmeckt so fantastisch, dass man sie wochenlang genießen möchte.

8 PERS. | 4 STD.

Für die Soja-Eier

(Die in Soja marinierten Eier halten sich im Kühlschrank einen Monat lang, Sie können also gleich eine große Menge herstellen)

- 8 Eier
- 400 ml Sojasauce
- 1 EL Zucker
- 100 ml Reisessig (o. anderer leichter Essig)

Für das Gemüseöl

- ½ Knoblauchzehe
- 2 Zwiebeln
- 50 g Ingwer
- 1 Apfel
- 2 frische rote Chilischoten
- 200–300 ml neutrales Öl

Für die Dashi-Brühe

- 25 g getrocknete Champignons
- 3 Blätter Kombu Seetang

Für das Chiliöl

(Kann auch durch ein herkömmliches Chili-Öl aus Japan o. China ersetzt werden)

- 1 Handvoll getrocknete rote Chilischoten
- ½ EL Sichuan-Pfeffer
- 1 Knoblauchzehe
- 1 Lorbeerblatt
- 1 Nelke
- 1 Sternanis

Für die Soja-Eier

1. Einen Topf mit Wasser zum Kochen bringen.
2. Die Eier 6 Min. lang kochen und dann in kaltem Wasser kurz abkühlen lassen (etwas Essig und Salz in das Wasser geben, damit sie sich leichter pellen lassen). Pellen Sie die Eier sofort im Wasser.
3. Spülen Sie den Topf ab und geben Sie Soja, Zucker und Essig hinein. Erhitzen Sie die Mischung und lassen Sie sie köcheln, bis sich der Zucker aufgelöst hat.
4. Geben Sie die Eier in die Sojamischung und legen Sie einen Teller auf die Eier, damit sie nicht an der Oberfläche schwimmen.
5. Lassen Sie sie bis zum Servieren stehen.

Für das Gemüseöl

1. Hacken Sie Knoblauch, Zwiebeln, Ingwer, Apfel und Chilischoten fein. Sie können sie auch auf der groben Seite einer Reibe raspeln.
2. Geben Sie das gehackte Gemüse in einen Topf und gießen Sie Öl hinein, bis das Gemüse gerade bedeckt ist.
3. Erhitzen Sie den Topf, bis das Öl leicht köchelt. Unter regelmäßigem Umrühren etwa 1 ½ Stunden köcheln lassen, bis die Mischung bräunlich wird.

Für die Dashi-Brühe

1. Einen Topf mit 3 Litern Wasser zum Kochen bringen.
2. Die Pilze dazugeben und 15 Min. köcheln lassen (sie nehmen viel Wasser auf).
3. Den Herd ausschalten, die Pilze aus dem Wasser heben und beiseitestellen. Den Kombu-Seetang ins Wasser geben und 15 Min. ziehen lassen.

Für das Chiliöl

1. Die Gewürze mit dem Öl in einem Topf heiß werden lassen, bis es köchelt.
2. Etwa 15 Min. köcheln lassen, dabei immer wieder umrühren.

Weiter geht's auf der nächsten Seite

- 1 TL Koriandersamen
- 100 ml neutrales Öl

Für die Suppe

- 100 g Misopaste
- 2 EL Sesamsamen
- 4 EL Doubanjiang (fermentierte Chilibohnenpaste)
- 100 ml Mirin o. Sake
- 50 ml Sojasauce
- 2 Knoblauchzehen
- ½ EL Zucker

Topping

- Kerne von 2 Maiskolben
- 2 EL Sesamkerne
- 1 Bund Schnittlauch
- 300 g Ramen-Nudeln
- 2 EL Sesamöl

3. Vom Herd ziehen und abkühlen lassen.
4. Pürieren Sie die Masse mit einem Stabmixer zu einer glatten Paste.

Für die Suppe

1. Miso, Sesam, Doubanjiang, Mirin, Soja, Knoblauch und Zucker in einem Standmixer oder mit einem Stabmixer glatt pürieren. Gießen Sie etwas von der Dashi-Brühe in den Mixer, wenn er nicht »zugreifen« kann.
2. Verrühren Sie diese Mischung im Topf mit der Dashi-Brühe und dem Gemüseöl. Erhitzen Sie die Suppe und schmecken Sie sie mit Salz ab. Die Suppe sollte ziemlich salzig schmecken, da die Nudeln ohne Salz gekocht werden.

Topping

1. Schneiden Sie den Mais vom Kolben (siehe Seite 105).
2. Lassen Sie eine Pfanne sehr heiß werden. Braten Sie den Mais darin in etwas Öl etwa 5 Min. lang an, bis er gut Farbe annimmt und würzen Sie ihn mit Salz.
3. Den Schnittlauch feinhacken.

Für die Ramen-Nudeln

1. Die Nudeln nach Packungsanweisung kochen, abgießen und im Sesamöl schwenken.

Fertigstellen

1. Die Suppe kochend heiß werden lassen und Nudeln, Mais, Eier, Pilze, Schnittlauch und Chili-Öl darauf anrichten.

KRÄUTERSEITLING-TONKATSU-SANDWICH

Tonkatsu ist eines der wildesten Gerichte der japanischen Küche: Schweinekotelett wird in Panko paniert, frittiert und mit feingehacktem Kohl serviert. Hier haben wir es als Sandwich und mit Kräuterseitlingen anstelle von Schweinefleisch zubereitet.

4 PERS. | 30 MIN.

Für das Dressing

- 100 ml Mayonnaise
- 2 EL Sojasauce
- ½ EL weißer Balsamico- o. Reisessig
- ¼ Zwiebel
- 4 cm Meerrettich

Für das Sandwich

- 8 Scheiben Toast
- ¼ Weißkohl

Für die Pilze

- 2 Kräuterseitlinge (o. Portobellos o. Schwefelporlinge)
- 50 g Panko (o. Semmelbrösel)
- 60 g Weizenmehl
- 1 TL Paprikapulver
- 2 Eigelb
- ½ l neutrales Öl

Für das Dressing

1. Zwiebel und Meerrettich auf der feinen Seite einer Reibe reiben und mit den restlichen Zutaten vermischen.

Für das Sandwich

1. Die Brotscheiben in einer heißen Pfanne mit einem guten Schuss Öl beidseitig rösten, bis sie schön Farbe genommen haben.
2. Den Kohl in möglichst feine Streifen schneiden.

Für die Pilze

1. Die Pilze längs in etwa 2 cm dicke Scheiben schneiden und beidseitig salzen.
2. Drei tiefe Teller zurechtstellen, einen mit Panko füllen, einen mit Weizenmehl + Paprikapulver und einen mit den verquirlten Eigelb.
3. Die Pilzscheiben zuerst im Weizenmehl, dann im Eigelb und zuletzt im Panko wenden.
4. Das Öl in einer Pfanne auf etwa 160 °C erhitzen.
5. Die Pilze 5–7 Min. braten, bis die Panade eine schöne goldene Oberfläche hat.
6. Auf einen mit Backpapier ausgelegten Teller geben und mit Salz und Pfeffer würzen.
7. Die Brotscheiben beidseitig mit dem Dressing bestreichen und das Sandwich mit den Pilzen und dem Kohl zwischen den Scheiben aufbauen.

GEGRILLTES GEMÜSE MIT HOLLANDAISE

Manchmal treffe ich Leute, die sagen: „Ich weiß nicht, wie ich Gemüse zubereiten soll“. Ich antworte dann immer: „Grill es und mach eine Hollandaise dazu. So einfach ist das.“

4 PERS. | 30 MIN.

Vorschläge für das Gemüse
- 1 Bund Frühlingszwiebeln
- 1 Handvoll Kohlblüten
- 1 Zitrone
- 1 Handvoll Brokkoli
- 1 Kohl
- 1 Bund grüner Spargel
- 1 Handvoll Pimientos

Für die Sauce
- 2 Eigelb
- 250 g Butter
- 2 EL Waldmeisteressig (Seite 145) (o. Apfel- o. Weißweinessig)

Dazu passt
1 kg Salzkartoffeln

Für das Gemüse
1. Heizen Sie einen Grill mit reichlich Holzkohle an. Der Grill sollte so heiß sein, dass es unangenehm ist, die Hände etwa 30 cm von der Kohle entfernt zu halten.
2. Lassen Sie das Gemüse möglichst ganz. Die Frühlingszwiebel erst nach dem Grillen putzen. Schneiden Sie den Kohl in Spalten und halbieren Sie die Zitrone.
3. Beträufeln Sie den Brokkoli und den Kohl mit Öl, das restliche Gemüse bleibt ohne Öl.
4. Grillen Sie das Gemüse abwechselnd, bis es schön gebräunt und weich ist.
5. Salzen Sie das Gemüse und schwenken Sie es im Saft der gegrillten Zitrone und im Olivenöl.

Für die Sauce
1. Lassen Sie eine Pfanne bei niedriger bis mittlerer Hitze heiß werden. Stellen Sie einen Kochtopf in die Pfanne. So wird die Sauce nicht zu stark erhitzt, und es besteht weniger Gefahr, dass sie sich trennt.
2. Den Essig und etwas Salz in die Pfanne geben. Die Eigelbe hinzugeben und die Mischung mit dem Schneebesen schlagen, bis sie leicht dickflüssig wird (fast wie Mayonnaise). Im Zweifelsfall etwas mehr schlagen, aber immer darauf achten, dass die Temperatur 70 °C nicht übersteigt.
3. Wenn die Eimasse legiert ist und eine schöne glatte Konsistenz hat, langsam die Hälfte der Butter mit dem Schneebesen vorsichtig tröpfchenweise unterrühren. Danach können Sie die restliche Butter in einem sanften Strahl in die Sauce gießen, wobei Sie weiterhin mit dem Schneebesen rühren.
4. Achten Sie darauf, dass die Butter und die Eimischung in etwa die gleiche Temperatur haben und dass die Butter nicht zu heiß ist – 60 °C ist für beide ideal.
5. Würzen Sie die Sauce nun mit Salz und Pfeffer und bei Bedarf mit etwas mehr Essig.
6. Servieren Sie sie zu dem gegrillten Gemüse.

RAHMKARTOFFELN MIT CHORIZO

Es ist ein weit verbreiteter Irrglaube, dass man Rahmkartoffeln zubereiten kann, indem man einfach frische Sahne über geschnittenes Gemüse gießt und das Ganze im Ofen backt. Diese Methode führt zu dem enttäuschenden Ergebnis, dass das Gemüse weichgekocht in dünner Sahne schwimmt. Stattdessen muss man eine Mehlschwitze mit Sahne zubereiten. So erhält man ein Gericht, bei dem das Gemüse in eine dicke leckere Sauce gehüllt ist, die an manchen Stellen sogar karamellisiert ist.

8 PERS. | 1 ½ STD.

Für das Gemüse

- 1 kg Backkartoffeln
- 1 Lauchstange

Für die Sahnesauce

- 100 g Chorizo
- 2 EL Weizenmehl
- ½ l Schlagsahne
- 50 g Frischkäse o. Vesterhavsost
- Muskatnuss

Für das Gemüse

1 Die Kartoffeln schälen und in etwa ½ cm dicke Scheiben schneiden. Den Lauch in dünne Streifen schneiden.

Für die Sahnesauce

1 Den Backofen auf 190 °C vorheizen.
2 Die Chorizo in kleine Würfel schneiden und in einen großen Topf mit etwas Öl geben.
3 Die Chorizowürfel bei mittlerer Hitze anbraten, bis sie goldgelb sind und das Fett ausgetreten ist.
4 Das Weizenmehl hinzufügen und etwa eine Minute lang kräftig unterrühren.
5 Jetzt die Sahne angießen und unter Rühren zum Kochen bringen, bis sie anfängt einzudicken.
6 Vom Herd ziehen und den Käse in die Sauce reiben. Gut umrühren und mit Muskatnuss, Salz und Pfeffer abschmecken.
7 Eine Schicht Kartoffeln und Lauch in eine Auflaufform geben, Sahnesauce darüber gießen und das Gericht so schichtweise weiter aufbauen, am Ende mit der Sahnesauce abschließen.
1 Das Gericht etwa 60–70 Min. backen, bis die Oberfläche schön gebräunt ist und die Kartoffeln ganz weich sind, wenn man hineinsticht.

PISSALADIÈRE

Es ist wichtig für dieses provenzalische Gericht, dass die Zwiebeln ganz weich und süß werden, aber keine Farbe annehmen.

4 PERS. | 1 ½ STD.

Equipment
Tarteform

Für den Teig
- 20 g Hefe
- ½ TL Zucker
- 100 ml warme Milch
- 175 g Weizenmehl
- 25 g Vollkornmehl
- 2 EL gutes Olivenöl
- ½ TL feines Salz

Für den Belag
- 25 g Butter
- insgesamt etwa 1 kg gelbe o. rote Zwiebeln, o. Lauch, u./o. Schalotten
- getrocknete Gewürze wie Thymian o. Lorbeerblätter nach Gusto

Für das Topping
- 20 Anchovis (Sardellenfilets)
- 1 Glas schwarze Oliven
- frischer Oregano, Thymian o. Majoran

Dazu passt
Der frische Salat von Seite 235

Für den Teig
1. In einer kleinen Schüssel die Hefe mit dem Zucker in der warmen Milch auflösen, bis die Oberfläche schaumig erscheint.
2. Die übrigen Zutaten in eine große Schüssel geben.
3. Die Hefe-Milch-Mischung zur Mehlmischung geben und grob verrühren. 15 Min. gehen lassen.
4. Den Teig auf der Arbeitsfläche 3–4 Min. lang kneten, bis er glatt ist und nicht mehr an den Fingern klebt.
5. Die Tarteform mit Öl einfetten, den Teig dünn ausrollen und in die Form geben.
6. Mit einem Zahnstocher Löcher in den Teigboden stechen. Den Teig mit einem feuchten Tuch abdecken und etwa 30 Min. gehen lassen, bis sich das Volumen des Teigs verdoppelt hat.

Für den Belag
1. Die Zwiebeln in dünne Scheiben schneiden.
2. Butter in einem Topf bei mittlerer Hitze schmelzen lassen. Zwiebeln hineingeben und köcheln lassen, bis sie weich sind. Das dauert etwa 20 Min. Die Zwiebeln dürfen keine Farbe annehmen.
3. Mit Salz und Pfeffer würzen.
4. Den Backofen auf 180 °C vorheizen.
5. Den Teig mit den weichen Zwiebeln belegen und 30–40 Min. backen, bis die Zwiebeln schön gebräunt und der Teig durchgebacken ist.

Fertigstellen
1. Mit Anchovis und Oliven belegen und nach Gusto mit frischen Kräutern garnieren.

CREMIGE PERLGRAUPEN MIT SPINAT, ERBSEN UND FAVABOHNEN

Es ist sehr wichtig, geschälte Perlgraupen zu verwenden, um eine cremige Textur zu erhalten.

4 PERS. | 35 MIN.

Equipment
Standmixer

Für die Perlgraupen
- 200 g Perlraupen (geschält)

Für das Püree
- 200 g Blattspinat
- 100 g Parmesan

Für das Gemüse
- 400 g grüne Erbsen in Schoten (kann durch 100 g gefrorene Erbsen ersetzt werden)
- 400 g Favabohnen in Schoten (kann durch 100 g gefrorene Edamame-Bohnen ersetzt werden)
- 50 ml grünes Öl (Seite 137) (o. einfach ein gutes Olivenöl)

Für die Perlgraupen
1. Die Perlgraupen in einen Topf geben, mit Wasser bedecken. und etwa 20 Min. lang kochen, bis sie weich sind. Dann das Kochwasser abgießen.

Für das Püree
1. Einen Topf mit ungesalzenem Wasser zum Kochen bringen.
2. Den Spinat etwa 2–3 Min. blanchieren, bis sich die Spinatblätter auflösen, wenn man sie zwischen zwei Fingern zerdrückt.
3. Den Spinat mit einem Schaumlöffel in eine Schüssel mit eiskaltem Wasser geben (das Kochwasser aufbewahren), kurz abkühlen lassen.
4. Das kalte Wasser abgießen und das meiste Wasser aus dem Spinat drücken.
5. Den Spinat in einen Standmixer geben und pürieren, bis eine homogene, cremige Konsistenz erreicht ist. So viel Kochwasser zugeben, bis die gewünschte Konsistenz erreicht ist.
6. Den Parmesan hineinreiben und einige Sekunden lang pürieren, bis er sich in der Creme aufgelöst hat.
7. Die Creme mit Salz und Pfeffer abschmecken.

Für das Gemüse
1. Einen Topf mit Salzwasser zum Kochen bringen.
2. Die Erbsen palen und die holzige Haut der Bohnen abziehen.
3. Die Erbsen und Bohnen 10 Sek. lang blanchieren und in kaltes Wasser geben.
4. Das Wasser abgießen und die Erbsen und Bohnen kurz vor dem Servieren in Öl schwenken.

Fertigstellen
1. Die Graupen mit dem Püree in einen Topf geben und nur leicht erhitzen (wenn es zu heiß wird, trennt sich der Käse). Etwas Wasser hinzufügen, wenn die Creme zu dick erscheint.
2. Das Gemüse hinzufügen und mit Salz und Pfeffer würzen.

STAUB
STAUB

TOPINAMBUR-PIE

Gerichte, die sich verstecken, haben etwas Spannendes an sich. Wie ein Archäologe muss man mit dem Löffel ausgraben, was sich unter der Decke befindet.

4 PERS. | 1 ½ STD.

Für die Füllung

- Saft von 1 Zitrone
- 2 kg Topinamburknollen
- 1 Lauchstange
- 2 Knoblauchzehen
- 4 Scheiben Speck
- 1 EL Butter
- 1 l Gemüsebrühe
- 100 ml Weißwein
- 250 ml Sahne
- 120 g Weizenmehl
- 2 EL Wasser
- 50 g reifer Hartkäse (z. B. Parmesan, Pecorino, Comte, Cheddar o. Vesterhavsost)

Für den Deckel

- 1 Blatt Filoteig
- 1 Eigelb
- 1 EL Wasser

1 Eine Schüssel mit kaltem Wasser füllen und den Zitronensaft hineinpressen. Die Topinamburknollen schälen, in mundgerechte Stücke schneiden und sofort ins Wasser geben.

2 Den Lauch und den Knoblauch feinhacken. Den Speck kleinwürfeln.

3 Die Butter in einer flachen Auflaufform oder einer ofenfesten Pfanne mit hohem Rand bei mittlerer Hitze schmelzen.

4 Lauch, Speck und Knoblauch dazugeben und unter Rühren etwa 5 Min. anbraten, bis alles goldgelb, aber nicht gebräunt ist.

5 Den Topinambur abgießen und dazu geben. Gemüsebrühe, Weißwein und Sahne angießen, sodass die Masse bis zum Pfannenrand bedeckt ist. Etwa 15 Min. köcheln lassen, bis der Topinambur weich ist.

6 Das Mehl in ein hohes Gefäß geben, mit einem guten Teil der Topinamburbrühe aufgießen und die Mischung zu einer dicken Creme pürieren. Wenn sie zu dick wird, noch etwas Brühe hinzufügen. Und zurück in die Pfanne gießen.

7 Den Backofen auf 180 °C vorheizen.

8 Den Käse reiben, unter die Topinamburmasse rühren und mit Salz und Pfeffer abschmecken.

9 Die Form sorgfältig mit dem Filoteig abdecken und darauf achten, dass die Form überall gut verschlossen ist.

10 Eigelb und Wasser verquirlen und den Filoteig damit bestreichen.

11 Sie können den Pie 20 Min. im Kühlschrank ruhen lassen und dann den Filoteig erneut bestreichen, um ein noch schöneres Finish zu erzielen. Ein einmaliges Bestreichen reicht aber auch aus, wenn es schneller gehen soll.

12 Backen Sie den Pie 30–40 Min., bis der Filoteig aufgeblasen ist und eine satte braune Oberfläche hat.

HELENES CREMIGE KÜRBISSUPPE

Helene Plett Forchhammer hat eine ultracremige und ultraleckere Suppe zubereitet, die mit Nudeln und Grünkohl verfeinert wird. Sie sollte aber erst zubereitet werden, wenn die Blätter der Laubbäume beginnen, sich zu verfärben.

4 PERS. | 1 ½ STD.

Equipment
Stabmixer

Für die Suppe
- 1 Hokkaido-Kürbis
- 1 Zwiebel
- 2 Knoblauchzehen
- 1 Dose Kokosmilch
- 1 EL Austernsauce (o. 1 EL mehr Fischsauce)
- 1 EL Fischsauce
- 150 ml Gemüsebrühe
- etwas Ingwer u. frischer Chili zum Würzen
- Saft von 1–2 Limetten

Für den Grünkohl
- 10 Grünkohlblätter
- 1 EL Fischsauce
- 1 EL Sesamsamen

Topping
- 200 g Reisnudeln
- 1 EL Sojasauce

Für die Kürbissuppe
1. Den Backofen auf 175 °C vorheizen. Ein Backblech mit Backpapier auslegen.
2. Halbieren Sie den Kürbis (Sie brauchen ihn nicht zu schälen, aber Sie müssen ihn entkernen) und schneiden Sie ihn in grobe Stücke.
3. Geben Sie die Kürbisstücke auf das Backblech, beträufeln Sie sie mit Olivenöl und würzen Sie sie Salz und Pfeffer.
4. 40–50 Min. backen, bis der Kürbis ganz weich ist.
5. Die Zwiebel und den Knoblauch grobhacken und in einen großen Topf mit einem guten Schuss Öl geben.
6. Die Zwiebeln etwa 10 Min. bei mittlerer Hitze unter Rühren anbraten, bis sie sehr weich sind. Sie dürfen aber keine Farbe nehmen.
7. Kokosmilch, Austern- und Fischsauce hinzufügen und einige Min. mitköcheln lassen.
8. Den Kürbis und die Gemüsebrühe dazugeben, mit einem Stabmixer pürieren und weitere 5 Min. köcheln lassen.
9. Erst kurz vor dem Servieren die Suppe mit Salz, geriebenem Ingwer, Chili und Limettensaft abschmecken.

Für den Grünkohl
1. Eine Pfanne bei starker Hitze heiß werden lassen.
2. Wenn die Pfanne sehr heiß ist, etwas Öl und den Kohl hineingeben und unter regelmäßigem Rühren ein paar Minuten braten, bis er eine schöne Farbe hat. Mit Fischsauce abschmecken und mit Sesam bestreuen.

Fertigstellen
1. Die Nudeln kurz vor dem Servieren nach Packungsanweisung kochen. Dann das Wasser abgießen und die Nudeln mit der Sojasauce vermischen.
2. Die Suppe in tiefe Teller schöpfen und den Kohl und die Nudeln darauf anrichten.

DUM BIRYANI

Das indische Gericht Dum Biryani ist wirklich zeitaufwändig, aber nicht sehr schwierig und unglaublich köstlich. Außerdem kann man alles Übriggebliebene zusammenmischen und am nächsten Tag als leckeres Pfannengericht zubereiten.

10 PERS. | 2 ½ STD.

Equipment
Stabmixer

Für die weichen Zwiebeln
- 5 Zwiebeln
- 200 ml neutrales Öl

Für die Sauce
- 500 g Pilze (z.B. Champignons, Austernpilze, Shiitake)
- 2 Zwiebeln
- 2 rote Chilis
- 10 Knoblauchzehen
- 2 EL geriebener Ingwer
- 50 g Butter
- 4 EL Currypulver (Seite 116)
- 400 g Crème fraîche 18 % Fett
- 800 g geschälte Tomaten
- 2 EL getrocknete Aprikosen o. Rosinen
- 100 ml Rinderbrühe (kann weggelassen werden)

Für das Gemüse
- 8–9 Backkartoffeln
- 2 grüne Paprika
- 2 rote Paprika
- getrocknete Gewürze, z.B. Lorbeerblätter, Nelken, Anis, Fenchel u. Kardamom

Für die weichen Zwiebeln
1. Halbieren Sie die Zwiebeln, schneiden Sie sie in dünne Scheiben und geben Sie sie mit dem Öl in eine große Pfanne oder einen Topf.
2. Lassen Sie die Pfanne bei mittlerer Hitze heiß werden und braten Sie die Zwiebeln unter regelmäßigem Rühren insgesamt etwa 15 Min. lang an.
3. Wenn die Zwiebeln am Boden festkleben, Topf vom Feuer ziehen, und warten bis sich die Zwiebeln durch den Wasserdampf wieder vom Boden lösen. Den Vorgang wiederholen, bis die Zwiebeln vollständig gebräunt sind.
4. Mit Salz und Pfeffer würzen.

Für die Sauce
1. Das Gemüse in grobe Stücke schneiden.
2. Die Butter in einer großen tiefen Pfanne mit flachem Boden bei mittlerer Hitze schmelzen und das Gemüse hineingeben. Einige Min. unter Rühren braten. Currypulver dazugeben, den Deckel aufsetzen und unter gelegentlichem Rühren etwa 15 Min. köcheln lassen, bis das Gemüse ganz weich ist.
3. Die Crème fraîche, die geschälten Tomaten, die getrockneten Aprikosen und die Brühe in die Pfanne geben und weitere 5 Min. köcheln lassen.
4. Die Sauce zu einer homogenen Creme pürieren und mit Salz und Pfeffer abschmecken.

Für das Gemüse
1. Einen großen Topf mit Salzwasser und den Gewürzen zum Kochen bringen. Das Wasser sollte sowohl zum Kochen des Gemüses als auch des Reises verwendet werden.
2. Die Kartoffeln schälen und in etwa 15 Min. weichkochen.
3. Die Paprikaschoten halbieren und etwa 2 Min. kochen.
4. Das Kochwasser zum Kochen des Reises aufbewahren.

Weiter geht's auf der nächsten Seite

Für den Reis
- 600 g Basmatireis

Topping
- ½ TL Safran (optional)
- 100 ml Joghurt o. Buttermilch 3,5% Fett
- 1 Handvoll Korianderblätter
- 1 Handvoll Minzblättchen

Für den Reis
1. Den Reis mit kaltem Wasser bedecken und etwa 20 Min. quellen lassen.
2. Den Reis abgießen und im Gemüsewasser etwa 7 Min. kochen lassen, abgießen. Der Reis sollte nur halbgar sein.

Biryani zusammenstellen
1. Den Backofen auf 180 °C vorheizen.
2. Das Gemüse in einem großen ofenfesten Topf schichtweise auf der Sauce anrichten und die Hälfte der weichen Zwiebeln darüber verteilen.
3. Das Gemüse mit dem halbgekochten Reis bedecken.
4. Safran und Joghurt mischen, über den Reis gießen und mit Minze, Koriander und den restlichen Zwiebeln bestreuen.
5. Den Topf mit Alufolie abdecken, den Deckel aufsetzen und 45 Min. backen.
6. Die Alufolie dichtet den Topf noch zusätzlich ab, damit kein Dampf entweicht.

Fertigstellen
1. Den Deckel und die Alufolie vom Topf entfernen und das Gericht in eine große Schale stürzen.

GAN BIAN SIJIDOU – TROCKEN GEBRATENE GRÜNE BOHNEN

Dieses chinesische Gericht ist einfach zuzubereiten. Aber es gibt eine noch einfachere Version, die Anders fast immer zu Hause zubereitet. Dazu werden gefrorene Bohnen in Sesamöl frittiert, bis sie runzlig werden, und dann in knusprigem Chili-Öl, geriebenem Knoblauch und Salz geschwenkt.

4 PERS. | 45 MIN.

Für die Würze

- 1 Handvoll getrocknete rote Chilis
- 1 EL getrocknete Garnelen (kann weggelassen werden)
- 3 Knoblauchzehen
- 1 EL Ingwer
- 2 Frühlingszwiebeln
- 1 Teelöffel Sichuan-Pfefferkörner (nur die Schalen - nicht die Samen)

Für die Bohnen

- 400 g grüne Bohnen o. flache breite Bohnen
- 50 ml neutrales Öl
- ½ EL Sesamöl
- 1 TL grobes Salz

Zum Frittieren

- 100 g Schweinehackfleisch mit hohem Fettgehalt, z. B. aus Schweinebrust
- 1 EL Ya cai (eingelegter chinesischer Senf, kann weggelassen werden)
- etwa 1 TL grobes Salz
- etwa 1 TL Zucker
- 1 TL chinesischer Essig (o. Reisessig)
- 1 TL Sojasauce

Dazu passt

Gekochter Reis

Für die Würze

1. Die Chilischoten in mundgerechte Stücke schneiden.
2. Die getrockneten Garnelen, den Knoblauch und den Ingwer feinhacken. Die Frühlingszwiebel in dünne Streifen schneiden.

Für die Bohnen

1. Schneiden Sie die Bohnen oben und unten ab und entfernen Sie den faserigen Faden der Bohne, wenn die Bohnen groß sind. Wenn Sie die Bohnen gut abtrocknen, spritzen sie beim Braten weniger.
2. Lassen Sie einen Wok oder eine Pfanne sehr heiß werden.
3. Rühren Sie die Öle kräftig im heißen Wok. Es wird stark rauchen, das ist der Sinn der Sache.
4. Salz in die Pfanne geben und die Bohnen hinzufügen.
5. Die Bohnen unter häufigem Rühren etwa 5-6 Min. braten, bis sie anfangen, faltig und braun zu werden.
6. Die Bohnen in eine Schüssel geben und beiseitestellen.

Fertigstellen

1. Den Wok bei mittlerer Hitze erhitzen. Das Fleisch in etwas Öl etwa 5 Min. unter Rühren anbraten, damit das Fett im Fleisch schmilzt, und es etwas Farbe bekommt.
2. Szechuan-Pfefferkörner, Knoblauch, Ingwer, Chili, Garnelen und Ya cai hinzufügen und weitere 30 Sek. unter Rühren anbraten.
3. Zucker, Essig, Sojasauce und Salz hinzufügen und köcheln, bis sich Zucker und Salz aufgelöst haben.
4. Bohnen und Frühlingszwiebeln hinzufügen, 30 Sek. unter Rühren anbraten, mit Salz würzen und sofort servieren.

HASSELBACK-BUTTERNUT

Diese nach dem schwedischen Restaurant Hasselbacken *benannte Zubereitungsart eignet sich perfekt für größere Gesellschaften. Servieren Sie den Kürbis in der Mitte des Tisches anstelle des Bratens und lassen Sie die Unterhaltung beginnen.*

4 PERSONEN. | 1 ½ STD.

Für den Kürbis

- 1 Butternutkürbis
- 25 g Butter

Für die Vinaigrette

- 4 EL Walnuss- u./o. Pistazienöl
- 1 Bund Estragon
- 2 Knoblauchzehen
- 25 ml Olivenöl
- Saft von ½ Zitrone
- 2 EL Rosinen
- 2 EL Apfelessig (o. ein anderer leichter Essig)

Dazu passen

Pellkartoffeln und bittere Salate mit Mandelcreme (Seite 205)

Für den Kürbis

1. Den Backofen auf 180 °C vorheizen. Ein Backblech mit Backpapier auslegen.
2. Schmelzen Sie die Butter in einem Topf.
3. Den Butternutkürbis mit einem Sparschäler dünn abschälen, längs halbieren und die Kerne herauskratzen
4. Jede Hälfte mit der gewölbten Seite nach oben auf das Backblech legen und jeweils einen langen Holzspieß oder ein Holzstäbchen links und rechts an die lange Seite des Kürbisses legen. Die Kürbishälfte mit einem scharfen Messer fächerförmig, wie bei einer Hasselback-Kartoffel, einschneiden, ohne sie durchzuschneiden (durch die Holzspieße links und rechts werden die Kürbishälften nicht ganz durchtrennt). Wiederholen Sie den Vorgang mit der anderen Hälfte.
5. Den Kürbis mit der Butter bestreichen und mit Salz und Pfeffer würzen.
6. Den Kürbis etwa 45 Min. backen, bis er in der Mitte ganz weich ist. Während des Backens immer wieder mit der Butter begießen.
7. Zum Schlusss den Backofen auf 225 °C hochstellen und den Kürbis grillen, bis er eine schöne goldene Oberfläche hat.

Für die Vinaigrette

1. Die Nüsse in einer trockenen Pfanne bei mittlerer Hitze rösten, bis sie goldbraun sind. Vom Herd nehmen und beiseitestellen.
2. Die Estragonblättchen vom Stiel zupfen und den Knoblauch auf der feinen Seite einer Reibe reiben.
3. Kurz vor dem Servieren alle Vinaigrettezutaten in eine kleine Schüssel geben und gut verrühren. Mit Salz und Pfeffer abschmecken.

Fertigstellen

1. Den Kürbis auf einer großen Platte anrichten und mit der Vinaigrette übergießen.

GRÜNE WINTERRIGATONI

Dieses einfache Nudelgericht besteht aus einer mit Kohl gemischten Sahnecreme, die jedoch als Pesto zubereitet und kurz vor dem Servieren mit den gekochten Nudeln vermischt wird.

4 PERS. | 30 MIN.

Equipment
Standmixer

Für die Sahnecreme
- 300 g Grünkohl u./o. Palmkohl
- 1 Bund glatte Petersilie (50 g)
- 50 g Pinienkerne
- 2 Knoblauchzehen
- 50 ml Olivenöl
- Saft von 1 Zitrone

Pasta
- 300 g Rigatoni (o. andere Nudelsorten)

Topping
- 100 g Pecorino (o. ein anderer Hartkäse wie Parmesan, Comte o. Vesterhavsost)
- 1 paar Handvoll getrocknete Tomaten

Für die Creme
1. Bringen Sie einen großen Topf mit Wasser zum Kochen.
2. Zupfen Sie die Kohlblätter von den Stängeln und kochen Sie sie ein paar Minuten lang. Zupfen Sie dann die Petersilienblättchen von den Stängeln und kochen Sie diese weitere 2 Min. mit dem Kohl. Sie sollten alle Bestandteile zwischen den Fingern zerdrücken können, wenn sie gar sind.
3. Geben Sie den Kohl und die Petersilie mit einem Schaumlöffel in eine Schüssel mit eiskaltem Wasser. Gießen Sie das Wasser ab und drücken Sie das meiste Wasser aus.
4. Geben Sie den Kohl und die Petersilie zusammen mit den übrigen Zutaten in einen Standmixer und pürieren Sie sie, bis sie glatt und cremig sind. Fügen Sie etwas Wasser hinzu, wenn der Mixer nicht »zugreifen« kann.
5. Würzen Sie die Creme mit Salz, Pfeffer und Zitronensaft und geben Sie die Creme in eine große Schüssel.

Für die Pasta
1. Kochen Sie die Rigatoni nach den Anweisungen auf der Verpackung in gut gesalzenem Wasser.
2. Die Pasta in die Schüssel mit der grünen Sahnecreme geben (das Nudelwasser aufbewahren), gut durchschwenken und ein wenig Kochwasser hinzufügen, falls die Nudeln zu trocken wirken.
3. Die Rigatoni in einer großen Schüssel anrichten und mit geriebenem Käse bestreuen und getrockneten Tomaten belegen.

EVAS RATATOUILLE

Eva Hurtigkarls Ratatouille ist schön anzusehen, intensiv und perfekt ausgewogen. Wenn man es isst, scheint es fast albern, sich vorzustellen, dass Ratatouille traditionell als Beilage gegessen wird. Dieses Ratatouille bildet zweifellos das Herzstück einer Mahlzeit.

8 PERS. | 1–2 STD.

Für die Tomatensauce

- 2 Zwiebeln
- 3 Knoblauchzehen
- ein paar Chiliflocken
- 3 Dosen Tomaten

Für das Gemüse

(Versuchen Sie bei jeder Gemüsesorte gleich große Exemplare zu finden)

- 2 Auberginen
- 2 rote Zwiebeln
- 2 Zucchini
- 1 rote Paprika
- 1 grüne Paprika
- evtl. glatte Petersilie zum Garnieren

Dazu passen

Backkartoffelspalten, gesalzener Joghurt (Seite 129) und ein grüner Salat mit Erbsen (Seite 235)

Für die Tomatensauce

1. 1 Die Zwiebeln in Scheiben schneiden und mit einem guten Schuss Öl in eine Pfanne geben.
2. Etwas salzen und die Zwiebel etwa 10 Min. lang braten, bis sie glasig und leicht karamellisiert ist, aber keine Farbe genommen hat.
3. Den in Scheiben geschnittenen Knoblauch hinzufügen und einige Min. lang anbraten.
4. Die Chiliflocken unterrühren und 30 Sek. lang mitbraten.
5. Die Tomaten hinzufügen und so lange wie möglich auf kleiner Flamme köcheln lassen. Am besten ein paar Stunden. Wenn Sie es eilig haben, und es schneller gehen muss, können Sie stattdessen auch ein großes Stück Butter hinzufügen.
6. Die Tomatensauce mit Salz abschmecken

Für das Gemüse

1. Den Backofen auf 200 °C vorheizen. Ein Backblech mit Backpapier auslegen.
2. Auberginen, Zwiebeln und Zucchini in ½ cm dicke Scheiben schneiden und auf das Backblech geben. Mit etwas Olivenöl und Salz würzen und etwa 20 Min. backen.
3. Die Paprikaschoten ebenfalls in ½ cm dicke Scheiben schneiden.
4. Eine Auflaufform mit Öl einfetten und die Tomatensauce hineingießen.
5. Das gebackene Gemüse und die Paprika abwechselnd kreisförmig überlappend anrichten und etwa 20 Min. backen, bis die Paprikascheiben ganz weich sind.
6. Mit etwas Petersilie bestreuen und sofort servieren.

CONGEE MIT SHIITAKE, PAK CHOI UND KNUSPRIGEM SPIEGELEI

Congee ist ein Reisbrei, der in Asien, besonders in China, vor allem zum Frühstück gegessen wird. Unser Congee hat einen tiefen intensiven Geschmack, der von der mit Vinaigrette aufgegossenen Brühe stammt.

4 PERS. | 35 MIN.

Equipment
Stabmixer

Für die Sesam-Knoblauch-Vinaigrette
- 100 ml Sesamöl
- 2 Knoblauchzehen
- 20 g Ingwer
- ½ Zitrone
- 50 ml Sojasauce

Für den Kongee
- 180 g Sushi- o. Langkornreis
- 2 l Hühner- o. Gemüsebrühe

Vorschläge fürs Topping
- 4 EL Sonnenblumenkerne
- 4 Eier
- 1 Pak Choi
- 200 g Shiitake-Pilze (o. andere Pilze)
- 1 Bund Koriandergrün
- 4 EL Crispy Chili Oil o. Chili-Öl (Seite 137)

Für die Sesam-Knoblauch-Vinaigrette
1 Alle Zutaten in ein hohes Gefäß geben und mit einem Stabmixer pürieren.

Für das Congee
1 Den Reis in den Topf geben und gründlich unter kaltem Wasser abspülen. Das Wasser abgießen, die Brühe hinzufügen und zum Kochen bringen.

2 Wenn der Reis kocht, die Hitze reduzieren. Mind. 30 Min. köcheln lassen, bis sich der Reis in der Flüssigkeit aufgelöst hat und die Suppe die Konsistenz von dünnem Haferschleim hat.

3 Die Hälfte der Sesam-Knoblauch-Vinaigrette dazugeben und mit Salz abschmecken.

4 Wenn das Congee zu dick ist, etwas Wasser hinzufügen.

Für das Topping
1 Die Sonnenblumenkerne in einer trockenen Pfanne bei mittlerer Hitze rösten, bis sie goldbraun sind. Beiseitestellen.

2 Die Spiegeleier bei starker Hitze in wenig Öl braten, damit sie Farbe bekommen und knusprig werden. In grobe Stücke teilen und mit Salz und Pfeffer würzen.

3 Die Blätter vom Strunk des Pak Choi lösen und zusammen mit den Pilzen bei starker Hitze in einer Pfanne mit etwas Öl etwa 1 Minute braten, bis sie schön Farbe bekommen, aber noch knackig sind. Mit Salz und Pfeffer würzen.

4 Das Koriandergrün grobhacken.

Fertigstellen
1 Das Congee auf Schüsseln verteilen und die Toppings sowie die restliche Vinaigrette darauf anrichten.

BUTTER CHICKEN VOM SCHWEFELPORLING

Nur der Koch oder die Köchin in der Küche erlebt dieses Gericht in seiner gesamten Sinnlichkeit. Alle getrockneten Gewürze für das Garam Masala werden geröstet. Dann werden sie im Mörser zerstoßen – der Duft! Das Ghee sprudelt im Topf. Die Blasen zerplatzen und vermischen sich dann mit den Gewürzen. Das Tomatenpüree. Der Duft ist überwältigend, die Geräusche sind umwerfend. Ein ideales Gericht, um es gemeinsam mit Ihren Gästen zuzubereiten.

8 PERS. | 2 STD.

Für die Saucenbasis

- 50 ml neutrales Öl
- 5 Knoblauchzehen
- 2 Piri Piri Chilis (weglassen, wenn es nicht zu scharf sein soll)
- 2 frische rote Chilis
- 4 Zwiebeln
- 2 EL Ingwer

Für das Garam Masala

- 5 EL Kreuzkümmel
- 3 EL Koriandersamen
- ½ EL Kardamompulver
- ½ EL schwarzer Pfeffer
- ½ EL Fenchelsamen
- 2 Sternanis
- 1 TL Nelken
- 1 Zimtstange
- 3 Lorbeerblätter-
- ¼ geriebene Muskatnuss

Für die Sauce

- 100 g Ghee (o. Butter)
- 1 Glas Tomatenpassata (etwa 800 ml)
- ½ l Sahne 38%
- 100 ml Hühnerbrühe (o. Wasser)
- 100 g Butter
- 500 g vom gemeinen Schwefelporling, kann durch Kräuterseitlinge o. Portobellos (große braune Champignons) ersetzt werden

Für die Saucenbasis

1. Schneiden Sie die Zutaten in kleinere Stücke und geben Sie sie in einen Standmixer.
2. Lassen Sie den Standmixer auf höchster Stufe laufen, bis eine glatte Paste entstanden ist.

Für das Garam Masala

1. Geben Sie alle Zutaten außer der Muskatnuss in eine trockene Pfanne und erhitzen Sie sie bei mittlerer Hitze etwa 5 Min. lang, bis es stark duftet, wobei Sie häufig umrühren müssen. Die Gewürze dürfen nicht anbrennen.
2. Die ¼ Muskatnuss reiben oder im Mörser zerstoßen.
3. Die gerösteten Gewürze in den Mörser geben und zu Pulver zerstoßen (oder pürieren).

Für die Sauce

1. Das Ghee in einen großen Topf geben und bei mittlerer Hitze erhitzen.
2. Die Saucenbasis in das Ghee gießen und unter gelegentlichem Rühren etwa 10 Min. köcheln lassen.
3. Die Gewürzmischung und das Tomatenpüree hinzufügen und weitere 5 Min. unter gelegentlichem Rühren köcheln lassen.
4. Die Tomatenpassata und die Hühnerbrühe dazugeben und 1 Std. zugedeckt köcheln lassen.
5. Die Pilze in 2 x 2 cm große Stücke schneiden, in den Topf geben und weitere 15 Min. köcheln lassen.
6. Sahne und Butter unterrühren und mit Salz und Pfeffer abschmecken.

Fertigstellen

1. Mit gekochten Basmati-Reis, Naan-Brot (Seite 231) und Raita (Seite 207) servieren.

OKONOMIYAKI AUS DEM WAFFELEISEN

Traditionell wird Okonomiyaki am Tisch auf einer heißen Eisenplatte, Teppan genannt, mithilfe eines Spatels gebraten. Das Waffeleisen erleichtert die Zubereitung dieses Gerichts, aber Sie können die Okonomiyaki auch einfach in einer Pfanne braten, wie es in Japan auch oft gemacht wird.

4 PERS. | 30 MIN.

Equipment

Waffeleisen

Für die Okonomiyaki

- 1 Nori-Algenblatt (die Art, die für Sushi verwendet wird; kann auch weggelassen werden)
- 5 Eier
- 150 g Weizenmehl
- 1 TL Backpulver
- 2 TL grobes Salz
- 500 g Kohl (Wirsing, Spitz- o. Weißkohl)

Vorschläge fürs Topping

- 1 Handvoll Katsuobushi (getrocknete Bonitoflocken)
- 4 Frühlingszwiebeln
- 200 ml Mayonnaise
- 3 EL Hoisinsauce
- 1 Blatt Nori-Alge

Dazu passt

Reis

Für die Okonomiyaki

1. Das Nori-Algenblatt in einer Schüssel grob zerkleinern.
2. Die Eier in die Schüssel aufschlagen und Mehl, Backpulver und Salz dazugeben.
3. Mit einem Handmixer zu einer homogenen Masse verrühren.
4. Ein Waffeleisen oder eine Pfanne bei starker Hitze heiß werden lassen.
5. Den Kohl in dünne Streifen schneiden und zur Eimasse geben.
6. Einen großen Löffel der Eimasse in einem guten Schuss Öl etwa 3-4 Min. braten, bis die Okonomiyaki eine schöne goldbraune Farbe hat.

Toppings

1. Das Nori-Algenblatt und die Frühlingszwiebel so fein wie möglich hacken.
2. Mayonnaise, Hoisinsauce, Frühlingszwiebel- u. Algenstreifen sowie Katsuobushi auf den Waffeln anrichten.

KÜRBISGRATIN

Dieses Gratin schmeckt ultrazart, ultracremig und gleichzeitig knusprig. Zusammen mit dem reichhaltigen und tiefen Geschmack ist es ein äußerst zufriedenstellendes Gericht.

4 PERS. | 1 STD.

Für den Kürbis

- 1 Hokkaidokürbis (Sie können auch Butternutkürbis o. Spaghettikürbis verwenden)
- 1 EL geräuchertes Paprikapulver
- 50 ml gutes Olivenöl

Für die Brösel

- 50 g Semmelbrösel
- 2 EL Butter
- 10 Zweige frischer Thymian

Für die Sauce

- 1 Zwiebel
- 2 Knoblauchzehen
- 1 EL Butter
- 250 ml Schlagsahne
- 100 ml trockener Weißwein
- ½ Muskatnuss, gerieben

Dazu passt

Panzanella (Seite 225) sowie ein guter Laib Brot

Für den Kürbis

1. Den Backofen auf 200 °C vorheizen. Ein Backblech mit Backpapier auslegen.
2. Den Kürbis in 3 cm dicke Spalten schneiden, auf das Backblech geben, mit Öl beträufeln und mit Paprika und Salz gut würzen.
3. Den Kürbis etwa 20 Min. backen, bis er eine gleichmäßige goldene Farbe hat.

Für die Brösel

1. Die Butter in eine Pfanne geben und bei mittlerer Hitze schmelzen.
2. Wenn die Butter ganz leicht zu bräunen beginnt, die Semmelbrösel hinzugeben und unter Rühren etwa 3-4 Min. braten, bis sie eine leicht goldene Farbe angenommen haben.
3. Während die Semmelbrösel braten, die Thymianblättchen abzupfen.
4. Die Semmelbrösel auf einen Teller geben.

Für die Sauce

1. Zwiebel und Knoblauch feinhacken.
2. Die Butter in einer ofenfesten Pfanne bei mittlerer Hitze schmelzen.
3. Zwiebel und Knoblauch unter Rühren anbraten, bis sie goldgelb und glasig sind.
4. Weißwein und Sahne angießen und etwa 5 Min. um etwa ¼ einkochen lassen.
5. Vom Herd ziehen und mit Salz und Pfeffer würzen.
6. Den Backofen auf 200 °C Umluft mit Oberhitze vorheizen.
7. Die gebackenen Kürbisstücke und Thymianblättchen in die Pfanne geben, mit den Semmelbröseln bedecken und mit der geriebenen Muskatnuss bestreuen.
8. Das Gericht 15–20 Min. backen, bis die Semmelbrösel goldbraun und knusprig sind.

BETE-TARTE MIT GRANATAPFELKERNEN

Dieses Gericht wirkt sehr sommerlich, wird aber aus Pflanzen zubereitet, die den ganzen Winter über geerntet werden. Eine Mandoline ist unverzichtbar, da die hauchdünnen Betescheiben für den Geschmack sorgen.

4 PERS. | 45 MIN.

Equipment
Eine Mandoline (Gemüsehobel)

Für die Tarte
- 5 Filoteigblätter
- 100 g Feta
- 200 g Mozzarella
- 1 Eigelb

Für das Gemüse
- 1 Rettich
- je 1 gelbe und 1 rotweiß gestreifte Bete
- 1 Granatapfel
- 2 EL Holunderblütenessig (kann durch Apfelessig o. Weißweinessig ersetzt werden)
- Saft von 1 Zitrone

Dazu passt
Eine Gemüsecreme (Seite 124 ff.) sowie ein frischer Salat (Seite 235)

Für die Tarte
1. Den Backofen auf 200 °C Umluft mit Oberhitze vorheizen. Ein Backblech mit Backpapier auslegen.
2. Die Filoteigblätter aufeinandergestapelt auf das Blech legen und leicht zusammendrücken.
3. Das Eigelb mit 1 EL Wasser in einer Schüssel verquirlen und die gesamte Oberfläche des Filoteigs damit bestreichen.
4. Feta- und Mozzarella in Stücken auf dem Filoteig verteilen und etwa 20 Min. backen, bis die Oberfläche eine tiefgoldene Farbe hat.

Für das Gemüse
1. Den Rettich und die Beten mit einer Mandoline oder einem scharfen Messer in sehr dünne Scheiben schneiden und in eine große Schüssel geben.
2. Die Granatapfelkerne aus den Kammern der Frucht lösen, in die Schüssel mit den Beten geben und mit Essig, Zitronensaft und Olivenöl vermengen. Mit Salz und Pfeffer abschmecken.
3. Den Rote-Bete-Salat auf der Tarte anrichten, sobald sie aus dem Ofen kommt und sofort servieren.

SALATE UND BEILAGEN

BITTERE SALATE MIT MANDELCREME

Die bitteren Salate sehen so schön aus und in der richtigen Kombination sorgen sie für wahre Geschmackexplosionen. In diesem Rezept wird ihre Bitterkeit durch die süße und reichhaltige Mandelcreme ausgeglichen.

4 PERS. | 30 MIN.

Für die gebeizten Senfkörner

- 50 g Senfkörner
- 100 ml heller Essig (Apfel- o. Weißwein)
- 100 ml Wasser
- 1 EL Zucker
- ½ TL Salz

Für die Mandelcreme

- 200 g zerbröckelte Mandeln
- 200 ml Wasser
- Saft von 1 Zitrone

Die Salate

- 1 Kopf Castelfranco, Radicchio, Puntarella, Chicorée o. eine Mischung von allen

Für die gebeizten Senfkörner

1. Alle Zutaten in einen Topf geben und bei mittlerer Hitze heiß werden lassen.
2. Die Mischung 5 Min. lang köcheln lassen, dabei regelmäßig umrühren.
3. Die Mischung in einen luftdichten Behälter füllen.

Für die Mandelcreme

1. Alle Zutaten in einen Standmixer geben und etwa 5 Min. auf höchster Stufe pürieren, bis eine cremige und luftige Konsistenz erreicht ist.
2. Mit Salz abschmecken und auf einen großen flachen Teller streichen.

Für den Salat

1. Die Salatblätter abzupfen. Mit den gebeizten Senfkörnern und einem Schuss Olivenöl in einer Schüssel gut vermischen.
2. Mit Salz und Pfeffer abschmecken und auf der Mandelcreme anrichten.

LAUKI KA RAITA – FLASCHENKÜRBIS AUF RAITA

Lauki ist der indische Name eines Flaschenkürbisses, ein Gemüse, das in Dänemark nicht erhältlich ist. Wir haben in diesem Rezept daher stattdessen Zucchini verwendet, denn gekochtes Gemüse auf seidigem Joghurt zu servieren, lässt sich mit vielen Gemüsesorten anwenden.

4 PERS. | 15 MIN.

Für die Raita

- 1 nicht zu kleiner Zucchino
- 200 ml griechischer Joghurt (10% Fett)

Topping

- 1 EL getrocknete Aprikose
- 1 Knoblauchzehe
- 2 EL Olivenöl
- ½ TL Chilipulver
- 1 Handvoll Minzblättchen

Für die Raita

1. Bringen Sie einen Topf mit gut gesalzenem Wasser, in das die Zucchini gelegt werden kann, zum Kochen.
2. Achteln Sie die Zucchini der Länge nach und schneiden Sie sie dann in etwa 4 fingerlange Stücke.
3. Kochen Sie die Zucchini etwa 5 Min. lang, bis sie so weich ist, dass man sie mit einem Löffel durchtrennen kann.
4. Geben Sie den Joghurt in eine Schüssel und würzen Sie ihn mit Salz. Die Zucchini darauf anrichten.

Topping

1. Die Aprikose feinhacken.
2. Den Knoblauch in einen Topf reiben, Öl und Chilipulver dazugeben.
3. Das Öl erhitzen, bis es kochend heiß ist, über die Zucchini gießen und mit den Minzblättchen und den Aprikosenstückchen garnieren.

SOM-TAM-PAPAYASALAT MIT KOHLRABI

Die unreife grüne Papaya, die im klassischen thailändischen Som Tam – dem vielleicht besten Salat der Welt – verwendet wird, ist in Dänemark schwer zu bekommen. Aber Kohlrabi hat viele ähnliche Eigenschaften, ist außerdem preiswerter und klimafreundlicher.

4 PERS. | 20 MIN.

Equipment

Ein großer Mörser
evtl. eine Mandoline (Gemüsehobel)

Für die Vinaigrette

- 1 EL Rohrzucker
- 1 EL getrocknete Garnelen
- 1 rote Thai-Chili (o. eine andere frische Chilischote)
- 2 Knoblauchzehen
- Saft von 1 Limette (o. von ½ Zitrone)
- 2 EL Fischsauce

Topping

- 2 EL Erdnüsse (o. andere Nussart)
- 100 g Kirschtomaten
- 1 Bund Koriandergrün

Für die Gemüsestreifen

- 1 Kohlrabi

Für die Vinaigrette

1. Den Zucker in einem Mörser mit dem Stößel in 1 EL kochendem Wasser zerstoßen und rühren, bis er sich aufgelöst hat.
2. Die getrockneten Garnelen zu einer Paste zerstoßen.
3. Chili und Knoblauch in dünne Scheiben schneiden und die Limetten in feine Spalten schneiden. In den Mörser geben und 1 Min. lang zerstoßen.
4. Die Fischsauce dazugeben, gut umrühren und ziehen lassen.

Topping

1. Die Nüsse in einer trockenen Pfanne bei mittlerer Hitze rösten, bis sie goldbraun sind und beiseitestellen.
2. Die Tomaten halbieren.

Für den Kohlrabi

1. Schneiden Sie den Kohlrabi in dünne Streifen. Am einfachsten ist es, wenn Sie mit einem Mandolinenhobel erst längs und dann quer in dünne Scheiben schneiden.
2. Hacken Sie die Korianderblätter und -stiele nicht zu fein.
3. Die Tomaten zur Vinaigrette geben, im Mörser mit dem Stößel zerstoßen, die Kohlrabistreifen und das Koriandergrün hinzufügen und mit einem Löffel gut umrühren.
4. Kurz vor dem Servieren die Nüsse dazugeben und das Gericht mit etwas Limettensaft oder Fischsauce abschmecken.

FRITTIERTER ROSENKOHL À LA MOMOFUKO

Dieses einfache Gericht ist nach wie vor eines der beliebtesten in der unglaublichen Momofuko Ssäm Bar *in New York. Vielleicht liegt es an der Einfachheit des Gerichts. Vielleicht ist es auch nur der wahnsinnige Geschmack des zarten, knusprig frittierten Rosenkohls. Wir haben das Rezept leicht abgewandelt, aber der Grundgedanke ist derselbe.*

4 PERS. | 30 MIN.

Für die Vinaigrette

- 1 Knoblauchzehe
- 2 EL Honig
- 2 EL süße Chilisauce-
- 2 EL Hefeflocken (o. geriebener Hartkäse wie Parmesan)
- 2 EL Shaoxing-Reiswein (o. ein leichter Essig)

Für das frittierte Gemüse

- 2 Handvoll Flower Sprouts (Seite 43, kann durch Rosenkohl ersetzt werden)
- 2 Handvoll Rosenkohl
- ½ l neutrales Öl

Topping

- 1 Handvoll gebeizte Bärlauchkapern (Seite 140)
- 1 Handvoll gekeimter knuspriger Buchweizen

Für die Vinaigrette

1. Den Knoblauch in eine Schüssel reiben.
2. Mit den restlichen Zutaten verrühren und mit Salz und Pfeffer abschmecken.

Für den frittierten Kohl

1. Das Öl in eine Pfanne mit hohem Rand geben und bei mittlerer Hitze heiß werden lassen. Das Öl sollte etwa 170 °C erreichen.
2. Wenn Sie kein Thermometer haben, müssen Sie einfach nur den Holzstiel eines Kochlöffels (es eignen sich auch Schaschlik-Spieße) in das flüssige Fett halten. Die Temperatur von 170 °C ist erreicht, wenn sich um das Holz herum kleine Bläschen bilden und nach oben steigen.
3. Geben Sie zunächst die Flower Sprouts ins heiße Öl und braten Sie diese, bis sie eine schöne Farbe haben.
4. Die Flower Sprouts mit einem Schaumlöffel in eine Schüssel geben und den Rosenkohl auf die gleiche Weise braten.
5. Es kann spritzen, wenn der Kohl viel Wasser enthält.

Fertigstellen

1. Den Kohl in der Vinaigrette schwenken und mit Salz abschmecken.
2. Mit gebeizten Bärlauchkapern und knusprigen Buchweizenkernen garniert servieren.

BOHNENSALAT MIT TOMATENSAUCE

Ich habe viel zu spät gelernt, dass man eine der köstlichsten Tomatensaucen herstellen kann, indem man geschälte San Marzano d.o.p aus der Dose. mit dem Stabmixer püriert.

4 PERS. | 25 MIN.

Equipment
Stabmixer

Für den Bohnensalat
- 4 Stangen Staudensellerie
- ½ Schalotte o. rote Zwiebel
- 1 kleiner Bund Schnittlauch
- 1 Bund glatte Petersilie
- 120 g schwarze Oliven (entsteint)
- 480 g gekochte weiße Bohnen (z. B. Cannelini),
- 4 EL gutes Olivenöl
- 2 EL Apfel- o. Weißweinessig

Für die Tomatensauce
- 1 Dose geschälte San Marzano Tomaten
- 1 Knoblauchzehe
- 4 EL gutes Olivenöl

Für den Bohnensalat
1. Sellerie, rote Zwiebel und Schnittlauch feinhacken.
2. Die Blättchen von den Petersilienstängeln zupfen.
3. Die Oliven abtropfen lassen und mit den restlichen Zutaten in eine große Schüssel geben.
4. Olivenöl und Essig dazugeben, alles gut vermengen und mit Salz und Pfeffer abschmecken.

Für die Tomatensauce
1. Knoblauch und Olivenöl zu den Dosentomaten geben und mit einem Stabmixer pürieren.
2. Mit Salz und Pfeffer abschmecken.

Fertigstellen
1. Olivenöl auf eine große Platte gießen, dann die Tomatensauce darüber geben und den Bohnensalat darauf anrichten.

GEBRATENE KAROTTEN MIT KNOBLAUCH UND FISCHSAUCE

Dies ist wahrscheinlich das schnellste und preiswerteste Gericht in diesem Buch, und es ist im Buch, weil Anders es zu Hause am häufigsten zubereitet. Karotten, Knoblauch, Zitronen und Fischsauce hat man ja fast immer zur Hand, und die Zutaten ergänzen sich perfekt. Mit einer Schüssel Reis bildet es ein schnelles Abendbrot, aber es ist auch eine tolle Beilage zu Nudeln und Fleisch

4 PERS. | 10 MIN.

- 5 Karotten (o. Pastinaken)
- 2 Knoblauchzehen
- Saft von ½ Zitrone
- 2–3 EL Fischsauce

1. Die Karotten und den Knoblauch in dünne Scheiben schneiden.
2. Einen Wok oder eine Pfanne sehr heiß werden lassen.
3. Wenn die Pfanne glühend heiß ist, die Karotten in etwas Öl 1–2 Min. anbraten. Rühren Sie dabei nicht zu viel, damit sie gut Farbe nehmen.
4. Fügen Sie den Knoblauch hinzu und braten Sie ihn weitere 30 Sek. unter Rühren.
5. Vom Herd ziehen und den Zitronensaft und die Fischsauce hinzufügen.
6. Rühren Sie gut um und schmecken Sie mit zusätzlichem Zitronensaft oder Fischsauce ab.
7. Sofort servieren.

50:50 KARTOFFELPÜREE

So ein Kartoffelpüree haben Sie noch nie probiert. Es erinnert eher an eine Sauce Hollandaise als an ein Püree. Es ist reichhaltig, cremig und abgrundtief voll im Geschmack. Aber das Beste an diesem Rezept ist, dass es sich im Kühlschrank aufbewahren und wieder aufwärmen lässt. Probieren Sie es unter gebratenem Kohl oder gebackener Rote Bete (Seite 239) oder als Vorspeise mit einem Löffel Seehasenrogen. Himmlisch.

8 PERS. | 30 MIN.

Equipment
Ein Standmixer

Für das Püree
- 250 g Backkartoffeln
- 500 g Milch
- 250 g Butter-
- ½ geriebene Muskatnuss

1. Schälen Sie die Kartoffeln und schneiden Sie sie in grobe Stücke.
2. Geben Sie die Kartoffeln mit der Milch in einen Topf und lassen Sie sie etwa 20 Min. köcheln, bis die Kartoffeln gar sind.
3. Geben Sie die Milch mit den Kartoffeln in einen Mixer und schneiden Sie die Butter in Würfel.
4. Pürieren Sie die Mischung und fügen Sie dabei die Butter nach und nach hinzu, bis sie aufgebraucht ist.
5. Fügen Sie die geriebene Muskatnuss hinzu und schmecken Sie mit Salz ab.

CARCIOFI ALLA GIUDIA – FRITTIERTE ARTISCHOCKE

Der unglaublich köstliche Klassiker aus dem römisch-jüdischen Ghetto. In Italien wird er im Winter und Frühjahr serviert, wenn die Artischocke Saison hat. Die dänischen Artischocken haben jedoch erst im Juli Saison, weshalb es sich in Dänemark eher um ein Sommergericht handelt. Das Tolle an dieser Zubereitung ist, dass die ganze Artischocke genießbar ist, im Gegensatz zur gekochten Artischocke, bei der man nur den unteren fleischigen Teil der Blätter und das Herz essen kann.

4 PERS. | 30 MIN.

- 4 kleine (römische) Artischocken
- 1 Zitrone
- 1 l neutrales Öl

1. Erhitzen Sie das Öl in einer flachen Pfanne auf etwa 150 °C.
2. Die Artischocken von ihren äußersten Blättern befreien und die weiter innen liegenden mit einer Schere oder einem scharfen Messer soweit kürzen, dass ihre harten Enden komplett abgetrennt sind. Dabei können die Blätter ruhig vorsichtig auseinander gedrückt werden. Die klassische römische Artischocke hat kein Heu. Das sollte aber lieber sicherheitshalber trotzdem noch mal kontrolliert und gegebenenfalls entfernt werden. Heu sind unter den Blättern liegende Härchen, die sich nicht zum Verzehr eignen.
3. Die Stiele bis auf eine Handbreit kürzen und schälen.
4. Geben Sie die Artischocken in das Öl und braten Sie sie 7–8 Min., bis sie zart und goldgelb sind, aber nicht zu viel Farbe bekommen.
5. Heben Sie die Artischocken aus dem Öl und lassen Sie sie mit der Blüte nach unten abkühlen.
6. Das Öl nun auf 180 °C erhitzen und die Blätter an der Artischockenblüte etwas spreizen.
7. Die Artischocken mit der Blüte nach unten wieder für wenige Minuten in das Öl geben, sie sollen schön braun und knusprig werden.
8. Gut salzen und mit Zitronenspalten und einer frischen Mayonnaise (Seite 132) servieren.

AGUACHILE VON GRÜNEN TOMATEN

Diese wunderbare Kombination aus säuerlichen Tomaten und gehaltvollen Avocados bildet ein kraftvolles Antipasto, um eine Dinnerparty zu beginnen. In Mexiko wird das Gericht traditionell mit Garnelen zubereitet.

4 PERS. | 45 MIN.

Für die Linsen
- 160 g Puy-Linsen

Für das Öl
- 1 Bund Dill
- 200 ml neutrales Öl

Für das Aguachile
- 800 g grüne Tomaten
- 2 frische Jalapeños
- 1 Zwiebel
- 2 Knoblauchzehen
- 3 Limetten
- 50 ml Olivenöl
- 100 ml Wasser
- 2 EL eingelegte grüne Stachelbeeren (können durch eingelegte Jalapeños ersetzt werden)
- 2 Avocados

Wenn das Gericht richtig sättigend sein soll
Warme Tortillas o. Brot dazu reichen

Für die Linsen
1. Geben Sie die Linsen in einen Topf, bedecken Sie sie mit Wasser und kochen Sie sie etwa 15 Min., bis sie weich sind.

Für das Dillöl
1. Den ganzen Dill mit dem Öl in einen Standmixer geben und 6 Min. auf hoher Stufe pürieren.
2. Das Öl durch ein Tuch abseihen.
3. Den abgeseihten Dill für ein Pesto oder eine Vinaigrette aufheben.

Für das Aguachile
1. Die grünen Tomaten in Spalten schneiden, in eine große Schüssel geben und mit Salz und Pfeffer würzen. Die Tomaten ziehen lassen, damit sie ihren Saft abgeben.
2. Jalapeño, Zwiebel und Knoblauch feinhacken und mit dem Öl in einen Topf geben.
3. Den Topf bei mittlere Hitze heiß werden lassen und unter Rühren 5 Min. köcheln lassen.
4. Vom Herd ziehen und den Limettensaft, das Dillöl sowie das Wasser hinzufügen und mit Salz und Pfeffer abschmecken. Mit den Stachelbeeren zu den Tomaten geben und gut vermengen.

Für die Avocados
1. Eine Pfanne sehr heiß werden lassen.
2. Die Avocados halbieren und das Fruchtfleisch von der Schale lösen und in grobe Stücke schneiden.
3. Die Avocados auf der Schnittfläche in etwas Öl etwa 1 Min. braten, bis sie eine schöne Farbe haben. Mit Salz würzen.

Fertigstellen
1. Die Linsen in tiefen Tellern mit dem Aguachile und der darauf angerichteten Avocado servieren.

MIT BUTTER GLASIERTER SPARGEL

Wenn jemand behauptet, dass ein Fleischgericht ein anspruchsvolleres sensorisches Erlebnis darstellt als Gemüse, dann servieren Sie ihm dieses Gericht.

4 PERS. | 15 MIN.

- 1 Bund grüner u./o. weißer Spargel
- 50 g kalte Butter
- 1 EL Zitronensaft

1. Bringen Sie einen breiten Topf mit wirklich stark gesalzenem Wasser zum Kochen.
2. Schälen Sie den Spargel sehr sorgfältig und schneiden Sie den holzigen Teil am unteren Ende ab.
3. Reduzieren Sie die Hitze etwas, sodass das kochende Wasser nur noch sanft »sprudelt«.
4. Geben Sie den Spargel ins Wasser und lassen Sie ihn 4–5 Min. lang köcheln, bis er anfängt, leicht glasig auszusehen, aber noch etwas Widerstand leistet, wenn Sie mit einem Messer hineinstechen.
5. Vom Herd ziehen, das Spargelwasser abgießen und den Zitronensaft sowie die Butter hinzufügen.
6. Vorsichtig umrühren oder den Topf schwenken, bis die Butter eine glänzende Schicht um den Spargel gebildet hat, und sofort servieren.

STINES PANZANELLA

Wenn es darum geht, einfache, schöne, entspannende und absolut köstliche italienische Gerichte zuzubereiten, gibt es nur wenige, die das so können wie Stine Kirkegaard. Sie steht hinter dem Catering-Unternehmen EasyPeasy, *wo sie wie kaum eine andere mit genau dem richtigen Maß an Leichtigkeit begeistert. Hier ihre klassische Panzanella.*

FÜR 4 PERS. | 30 MIN.

Für die eingelegte Zwiebel

- 2 rote Zwiebeln
- 200 ml Allround-Salzlake von Seite 144

Für das knusprige Brot

- ½ Tag altes Brot (Brot aus dem Supermarkt ist okay)
- 50 ml gutes Olivenöl

Für den Salat

- 5–6 große Kapernbeeren
- 1 Handvoll schwarze entsteinte Oliven
- 3 große Tomaten (etwa 400 g)
- 3 EL kleine Kapern (Non Pareilles)
- ½ TL Zucker
- 50 ml gutes Olivenöl
- 1 Bund Basilikum

Für die eingelegte Zwiebel

1. Die roten Zwiebeln halbieren, in einigermaßen dünne Streifen schneiden und in eine Schüssel geben.
2. Die heiße Salzlake darübergießen und bis zum Servieren ruhen lassen.

Für das knusprige Brot

1. Das Brot in etwa 2 x 2 cm große Stücke schneiden.
2. Eine Pfanne bei mittlerer Hitze heiß werden lassen und die Brotstücke hineingeben. Das Öl angießen und das Brot unter regelmäßigem Rühren etwa 4 Min. rösten, bis es eine goldene Farbe hat. Mit Salz würzen und auf einen mit Küchenpapier ausgelegten Teller geben.

Für den Salat

1. Die großen Kapernbeeren halbieren, die Oliven grobhacken, die Tomaten in 2 x 2 cm große Stücke schneiden und mit den kleinen Kapern sowie einem ½ Teelöffel Zucker in eine große Schüssel geben.
2. Olivenöl, Brotstücke, abgetropfte Zwiebelstreifen und Basilikumblättchen dazugeben.
3. Alles gut mischen, mit Salz und Pfeffer abschmecken.

ESCALIVADA

Dieses klassische katalanische Gericht ist eines der schönsten, das es gibt. Es hat etwas ganz und gar Lässiges an sich, wie das Gemüse einfach so daliegt. Es schämt sich nicht. Es ist gänzlich entblößt und sich seines Wertes völlig bewusst.

4 PERS. | 45 MIN.

- 1 Aubergine
- 3 Zwiebeln
- 1 rote Paprika
- 1 Knoblauchzehe
- etwa 50 ml gutes Olivenöl

1 Den Backofen auf 250 °C vorheizen. Ein Backblech mit Backpapier auslegen.

2 Stechen Sie Löcher in die Aubergine, damit sie beim Backen nicht explodiert.

3 Legen Sie die Zwiebel, die Aubergine und die Paprikaschoten mit der Schale nach unten auf das Blech und backen Sie sie etwa 45 Min. lang, wobei Sie sie regelmäßig wenden, bis sie ganz weich und verbrannt sind. Die Zwiebeln brauchen oft etwas weniger Zeit.

4 Den Knoblauch in eine Schüssel reiben, mit Olivenöl bedecken und mit Salz und Pfeffer würzen.

5 Die Schale vom gebackenen Gemüse abziehen, wenn es abgekühlt ist. In grobe Scheiben schneiden, auf einen Teller geben und mit dem Knoblauchöl übergießen.

SOMMERLICHE ROHKOSTPLATTE MIT PETERSILIENMAYONNAISE

Sommerliche Rohkostplatte oder Sashimi – es gibt wirklich nicht viele Dinge, die ich an einem warmen Sommerabend lieber servieren würde.

4 PERS. | 30 MIN.

Für das Petersilienöl
- 1 großer Bund glatte Petersilie o. ein anderes Kraut
- 400 ml neutrales Öl

Vorschläge für das Gemüse
- 1 Bund Radieschen
- 1 Bund Spargel
- 1 Zucchini
- 2 Rote-Bete-Blätter
- 1 Fenchelknolle
- 1 Bund Karotten
- 1 Zitrone

Für die Petersilienmayonnaise
- 2 Eigelb
- 1 TL Senf
- 2 EL leichter Essig
- ½ TL Salz
- Petersilienöl

Petersilienöl
1 Die Petersilienblättchen abzupfen und abspülen. In einer Salatschleuder oder einem trockenen Tuch gründlich trockenschleudern.
2 Die Blätter in einen Standmixer geben und das Öl hinzufügen. Die Blätter 7 Min. pürieren. Das Öl durch ein Sieb oder ein sauberes Tuch abseihen (das Püree kann für ein Pesto verwendet werden).
3 Nachdem das Öl eine Weile gestanden hat, setzt sich überschüssiges Wasser ab unten im Topf ab. Daher empfiehlt es sich, das Öl mit einem Löffel oder einer Kelle in eine neue Schüssel umzufüllen.

Für die Rohkost
1 Putzen und schneiden Sie das Gemüse in die von Ihnen gewünschte Form und geben Sie es in eine Schüssel mit Eiswasser. Alternativ können Sie es auch in kaltes Wasser geben und im Kühlschrank mindestens eine Stunde lang auskühlen lassen.

Für die Petersilienmayonnaise
1 Geben Sie die Eigelbe zusammen mit dem Essig, dem Senf und ½ Teelöffel Salz in eine Schüssel.
2 Schlagen Sie die Masse mit einem Stabmixer, Schneebesen oder Handrührgerät gründlich auf und fügen Sie dabei das Öl tröpfenweise hinzu, bis die Masse anfängt, cremig zu werden.
3 Wenn die Masse anfängt einzudicken, fügen Sie das Öl in größerem Strahl hinzu, bis die Mischung schön eingedickt ist.
4 Gießen Sie das Gemüse ab, schwenken Sie es im Zitronensaft, einigen Spritzern Olivenöl und ein wenig Salz und servieren Sie es sofort mit der Mayo.

NAAN-BROT

Man sagt, dass die kurze und intensive Backzeit das indische Naan-Brot so wahnsinnig saftig macht. Es gibt nichts, was man lieber in der Hand hält, wenn man an einem Tisch voller Dips sitzt.

4 BROTE | 3 STDN.

Equipment
Ein Brotbackstein

Für den Teig
- 50 g Buttermilch
- 225 ml zimmerwarmes Wasser
- 1 TL Zucker
- ½ TL Salz
- ½ TL neutrales Öl
- 5 g Hefe
- 400 g feingesiebtes Weizenmehl

Topping
- 4 Knoblauchzehen
- 50 g Butter
- 1 Handvoll frisches Koriandergrün

Für den Teig
1. Alle Zutaten mit Ausnahme des Weizenmehls in einer Schüssel vermengen.
2. Das Weizenmehl dazugeben und kräftig verrühren, sodass keine Mehl- oder Wasserreste in der Schüssel bleiben - es dürfen keine Klumpen entstehen.
3. Den Teig zugedeckt 20 Min. gehen lassen, ein Vorgang, den man Autolyse nennt, bei dem Stärke und Eiweiß im Mehl verquellen.
4. Den Teig einige Minuten kneten und dann 1 Std. gehen lassen.
5. Den Teig nochmals einige Minuten kneten.
6. Den Teig auf ein geöltes Brett geben.
7. Vier gleich große Kugeln formen und zugedeckt weitere 30 Min. gehen lassen.

Topping
1. Den Knoblauch auf der feinen Seite einer Reibe reiben und mit der Butter in einen Topf geben.
2. Bei mittlerer Hitze 3–4 Min. köcheln lassen, dabei konstant rühren, bis der scharfe Knoblauchduft etwas nachlässt. Vom Herd ziehen und mit Salz würzen.
3. Das Koriandergrün grobhacken.

Das Backen
1. Einen Brotbackstein in den Ofen schieben und den Ofen auf maximale Grilltemperatur einstellen.
2. Eine Teigkugel mit den Fingerspitzen flachdrücken.
3. Direkt auf den heißen Backstein legen und 3 Min. backen, bis das Brot eine schöne Farbe und große Luftblasen hat.
4. Das Brot herausnehmen, mit Butter bestreichen und dem Koriandergrün bestreuen.
5. Den Vorgang mit den restlichen Teigkugeln wiederholen.

SELLERIE-TAGLIATELLE MIT BUTTERSAUCE UND HASELNÜSSEN

Der Sellerie in diesem Gericht ähnelt Tagliatelle-Nudeln, ist aber knackiger und würziger im Geschmack. Es kann als Vorspeise, Beilage oder als eigenständiges Gericht gegessen werden.

4 PERS. | 40 MIN.

Equipment
Vielleicht eine Mandoline (Gemüsehobel)
Stabmixer

Für die Tagliatelle
- 1 Sellerieknolle

Für die Buttersauce
- ½ l Buttermilch
- 100 g Butter

Vorschläge fürs Topping
- 50 g Haselnüsse
- glatte Petersilie (o. ein anderes Kraut)

Für die Tagliatelle
1. Bringen Sie einen Topf mit Salzwasser zum Kochen.
2. Schneiden Sie den Sellerie mit einem scharfen Messer oder einer Mandoline in möglichst dünne Scheiben.
3. Schneiden Sie die Scheiben der Länge nach durch, um Nudelstreifen zu erhalten.
4. Stellen Sie den Topf auf niedrige Hitze und lassen Sie die Sellerienudeln etwa 1 Min, im Wasser köcheln, bis der Sellerie weich ist, aber noch etwas Biss hat.
5. Abgießen und beiseitestellen.

Für die Buttersauce
1. Die Butter in einen Topf geben und bei mittlerer Hitze unter regelmäßigem Rühren etwa 5 Min. erhitzen, bis die Butter braun wird und nussig, keksig duftet.
2. Die Butter zum Abkühlen in eine Metallschüssel geben. Spülen Sie den Topf aus und gießen Sie die Buttermilch hinein.
3. Bringen Sie die Buttermilch unter regelmäßigem Rühren zum Kochen, damit sich die Molke zu trennen beginnt.
4. Sieben Sie die Molke durch ein Tuch in die gebräunte Butter. Das feste Milcheiweiß nutzen Sie als Ihren selbstgemachten Ricotta-Käse.
5. Die Butter mit der Molke mit einem Stabmixer pürieren und mit Salz abschmecken.

Topping
1. Die Nüsse in einer trockenen Pfanne bei mittlerer Hitze rösten, bis sie goldbraun sind. Beiseitestellen.
2. Die Petersilienblättchen von den Stielen zupfen.

Fertigstellen
1. Die Selleriestreifen mit der Petersilie und den Nüssen in einer Schüssel anrichten und in etwas Öl gut durchschwenken. Kurz vor dem Servieren die warme, schaumige Butter darüber gießen.

GRÜNER SALAT MIT ERBSEN

Grüner Salat ist eine Ikone der europäischen Gastronomie. Er wirkt so beiläufig, doch seine Qualität wird vor dem Servieren durch die Liebe zum Detail des Küchenchefs bestimmt. Das beginnt mit dem sorgfältigen Waschen des Salats und dem anschließenden Trocknen. Es geht weiter mit dem Würzen der Vinaigrette sowie dem Anrichten der Salatblätter – wie ein Dach in einem Gebäude – und dem sofortigen Servieren: diese Frische, diese Knackigkeit, einfach köstlich.

4 PERS. | 15 MIN.

Für die Vinaigrette

- 100 ml gutes Olivenöl
- 25 ml Waldmeisteressig (o. Balsamico- o. Weißweinessig)
- 2 Knoblauchzehen
- 200 g Erbsen in Schoten
- 1 kleiner Bund Dill
- Senf

Für den Salat

- 1 kleiner Bund Schnittlauch
- 1 große Schüssel mit verschiedenen Salaten (z.B. Eichblatt, Herz, Romanasalat, Lollo o. Frisée)

Für die Vinaigrette

1. Olivenöl und Essig in eine große Schüssel geben, den geriebenen Knoblauch und die ausgepalten Erbsen sowie die abgezupften Dillspitzen dazugeben.
2. Gut verrühren und den Senf dazugeben, weiterrühren bis die Vinaigrette anfängt einzudicken, das Öl sich aber noch leicht absetzt. Mehrmals mit Salz und Pfeffer und ggf. den anderen Zutaten abschmecken.

Für den Salat

1. Den Schnittlauch so fein wie möglich hacken.
2. Die Salatblätter in eine große Schüssel mit Wasser legen und gründlich abspülen. In einem Geschirrtuch oder einer Salatschleuder gründlich trockenschleudern.
3. Den Salat zur Vinaigrette geben und einige Minuten lang durchschwenken.
4. Auf eine Platte geben und mit dem Schnittlauch bestreut servieren.

WINTERLICHE BRUSCHETTA MIT EINGELEGTEN TOMATEN, EINGELEGTEN PILZEN UND GEGRILLTEM MANGOLD

Hier kommen die köstlichen eingelegten Schätze aus Ihrer Speisekammer zum Einsatz.

4 PERS. | 20 MIN.

Für die Bruschetta
- ½ frisches Sauerteigbrot

Für den Mangold
- ½ rote Chilischote
- 1 Knoblauchzehe
- ½ EL Ingwer
- 1 Bund Mangold
- Saft von 1 Zitrone

Zusätzlich
- 150 g Ziegenkäse
- 1 Glas eingemachte Tomaten (Seite 145)
- 1 Glas in Öl eingelegte Pilze (Seite 141)

Das Brot
1. Das Brot in Scheiben schneiden und im Toaster oder in einer trockenen Pfanne rösten.

Für den Belag
1. Die Chilischote feinhacken und den Knoblauch und den Ingwer auf der feinen Seite einer Reibe reiben.
2. Den Mangold in mundgerechte Stücke schneiden.
3. Eine Bratpfanne auf höchster Stufe heiß werden lassen. Wenn sie rauchend heiß ist, den Mangold in etwas Öl etwa 1 Min. lang unter regelmäßigem Rühren anbraten, bis er zusammenfällt und leicht bräunt. Es darf in der Küche stark rauchen.
4. Vom Herd ziehen, Ingwer, Chili und Knoblauch hinzugeben und noch 1 Min. rühren.
5. Mit Salz und Zitronensaft abschmecken.
6. Die Brotscheiben mit Ziegenkäse bestreichen und dann mit gegrilltem Mangold oder eingelegten Pilzen oder eingelegten Tomaten belegen

ROTE BETE MIT SCHWARZER JOHANNISBEERGLASUR AUS DEM RESTAURANT ØENS HAVE

In Kopenhagen gibt es mitten in der Stadt einen großen Küchengarten, aus dem das Restaurant ØENS HAVE *unglaubliche Gerichte mit saisonalen Pflanzen zubereiten. Hier kann man aufs Beste den Geschmack reiner Zutaten aus dem Feldanbau studieren.*

8 PERS. | 3 STD.

Equipment
Ein Standmixer

Für das Gemüse
- 8 runde, mittelgroße Rüben bzw. Beten (rote, gelbe o. weiße Bete, vorzugsweise eine Mischung aus allen)

Für die Glasur
- 500 g schwarze Johannisbeeren
- 120 g Zucker
- 200 g Joghurt

Vorschläge fürs Topping
Ein paar Kräuterstängel – z.B. Liebstöckel, Minze, Zitronenmelisse, Petersilie

Für das Gemüse
1. Den Backofen auf 250 °C vorheizen. Ein Backblech mit Backpapier auslegen.
2. Das Gemüse in etwas Olivenöl und Salz schwenken.
3. Auf dem Backblech in den vorgeheizten Ofen schieben und 30 Min. backen.
4. Die Ofentemperatur auf 160 °C reduzieren und weitere 1½ Stdn. backen. Aus dem Ofen nehmen und etwa 30–60 Min. ruhen lassen.

Für die Glasur
1. 100 g der Beeren beiseitelegen und von den Stielen zupfen.
2. Die restlichen 400 g werden für die Glasur verwendet und müssen nicht von den Stielen gepflückt werden.
3. Die schwarzen Johannisbeeren und den Zucker in einen Mixer geben und etwa 6 Min. lang auf höchster Stufe pürieren, bis eine Paste entstanden ist.
4. Die Mischung mit einem Spatel durch ein Sieb drücken und abkühlen lassen.
5. Kurz vor dem Servieren den Backofen auf 150 °C stellen.
6. Das Gemüse in Spalten schneiden, in 4 EL Johannisbeerglasur schwenken und mit Salz und Pfeffer abschmecken.
7. Das Gemüse in der Glasur backen, bis die Sauce anfängt zu sprudeln und an den Rüben- und Betenspalten festhaftet.

Fertigstellen
1. Den Joghurt auf einer großen Platte verstreichen.
2. Das glasierte Gemüse auf dem Joghurt anrichten und mit frischen Johannisbeeren, Olivenöl, gehackten Kräutern und frischgemahlenem schwarzen Pfeffer garnieren.

HORIATIKI – GRIECHISCHER SALAT

Diesen Salat bereite ich im Sommer am häufigsten zu. Es ist wichtig, die Gurken zu schälen, da die Bitterkeit der Schale sonst den Salat dominiert. Es ist ebenso wichtig, die Zwiebeln in einer Schüssel mit Wasser einzuweichen, um ihnen die Schärfe zu nehmen. Es sind die kleinen Details, die die Qualität dieses Salats ausmachen.

4 PERS. | 20 MIN.

Für das Gemüse

- 1 rote Zwiebel
- 400 g verschiedene Tomaten
- 1 kleine Gurke
- 1 grüne Paprika
- ein paar Zweige frischer Oregano
- 2 Handvoll entsteinte Oliven
- etwa 60 ml gutes Olivenöl
- Saft von ½ Zitrone
- 100 g Feta

1. Schneiden Sie die Zwiebeln in dünne Scheiben, geben Sie sie in eine Schüssel mit Wasser und lassen Sie sie einweichen, um den scharfen Zwiebelgeschmack abzuschwächen.
2. Schneiden Sie die Tomaten und Gurken in dicke Scheiben und die Paprika in dünne Scheiben und geben Sie sie in eine große Schüssel.
3. Die Blättchen vom Oregano abzupfen und mit den Oliven in die Schüssel geben.
4. Die abgegossenen Zwiebelscheiben hinzufügen und mit einem ordentlichen Schuss Olivenöl, Zitronensaft, Salz und Pfeffer gut verrühren und abschmecken.
5. Den Salat auf eine Platte geben und mit dünnen Feta-Scheiben belegt servieren.

SCHARF GEBACKENES WURZELGEMÜSE IN CHIMICHURRI

Ich mag die würzige Süße und die flockige Textur von Wurzelgemüse, wenn es scharf und lange gebacken wird. Essen Sie es mit 50:50-Kartoffelpüree (Seite 217) und einem grünen Salat.

8 PERS. | 45 MIN.

Für das Gemüse (Wurzelgemüse nach Gusto)

- 3 Schwarzwurzeln
- 3 Karotten
- 3 Pastinaken
- 3 Petersilienwurzeln

Für das Chimichurri

- 1 Bund glatte Petersilie
- 1 Knoblauchzehe
- 1 TL getrockneter Oregano
- Saft von 1 Zitrone
- Thymian- o. Olivenöl

Für das Gemüse

1. Den Backofen auf 200 °C vorheizen. Ein Backblech mit Backpapier auslegen.
2. Schälen oder schrubben Sie das Wurzelgemüse gründlich und geben Sie es auf das Blech.
3. Schwenken Sie das Gemüse in einem Spritzer Öl und würzen Sie es mit Salz und Pfeffer. 25–30 Min. backen, dabei gelegentlich umrühren, bis es eine schöne Farbe hat und weich ist.

Für das Chimichurri

1. Hacken Sie die Petersilie grob, reiben Sie den Knoblauch auf der feinen Seite einer Reibe und geben Sie ihn in eine große Schüssel.
2. Fügen Sie den Oregano hinzu und würzen Sie mit Zitronensaft, Thymianöl, Salz und Pfeffer. Die Sauce sollte recht säuerlich sein.
3. Wenn die Wurzeln gar sind, in die Schüssel mit der Sauce geben und gut durchschwenken.
4. Auf einer Platte anrichten und mit knusprigen Buchweizenkernen garnieren.

ÜBER DIE AUTOREN

Dieses Buch wurde von Theis Bothmann, Anders Kvorning und Malte Gaarde Meyenburg geschrieben. Gemeinsam haben wir das *Planetarisk Kogebog (Planetarische Kochbuch)* geschaffen: Ein Medium, in dem wir klimafreundliche Ernährungsgewohnheiten vorstellen, Rezepte entwickeln, Artikel veröffentlichen usw. Der Ausgangspunkt für unsere Arbeit ist das nüchterne Bewusstsein der planetarischen Katastrophe, die uns bevorsteht (ausgelöst auch von ungesunder und unethischer Nahrungsmittelproduktion), kombiniert mit einer tiefen Liebe für das poetische und sinnliche Element, das zur Herstellung und zum Verzehr von Lebensmitteln gehört. Im Folgenden können Sie ein wenig mehr über uns lesen.

THEIS BOTHMANN (RECHTS)

ist Fotograf mit einem besonderen Interesse am Fotografieren von Lebensmitteln. Im Laufe der Jahre hat er einen originellen Stil entwickelt, der mit den Konventionen der nordischen Food-Fotografie bricht. In seinen Fotos verwendet er oft künstliches Licht, starke Farben und harte Schatten. Er scheut sich nicht, bei der Entwicklung kreativ mit den Bildern zu arbeiten. Das Ergebnis ist oft schillernd und bringt die schönsten Aspekte eines Lebensmittels oder eines Gerichts zum Vorschein.

ANDERS KVORNING (MITTE)

ist Koch und Gastronom. Er hat in einigen der besten Restaurants Europas gelernt, aber die Pinzette und das Lineal hat er hinter sich gelassen. Stattdessen interessiert er sich für das intensive Geschmackserlebnis und die Essenz eines Gerichts. Besonders inspirieren ihn Küchen, die uns Europäern fremd sind, wie die mexikanische sowie die vielen asiatischen Küchentraditionen.

MALTE GAARDE MEYENBURG (LINKS)

Ich habe die Texte für dieses Buch geschrieben. Ich habe mich schon immer für Essen interessiert und halte es für eine der sinnlichsten und interessantesten Formen der Erfahrung. Ein Essenserlebnis ist mehr als das, was vom Teller in den Mund kommt. Es gibt immer einen Rahmen: Die Menschen, die das Essen zubereitet haben. Der Ort, an dem man es isst. Das Tischtuch oder das Fehlen eines solchen. Die Art, wie es serviert wird. Was gesagt wird. Die Kleidung des Kellners. Die Leute, mit denen man das Essen isst. Und dann ist da noch alles, was dahintersteckt: Die Zutaten. Die Anbaumethoden. Die ethischen und politischen Aspekte. Ich erzähle Geschichten über Lebensmittel wie die, die Sie gerade gelesen haben, und ich arbeite auch mit Lebensmitteln durch Food-Styling, Events und Innovation. Danke fürs Lesen.

LIEFERANTEN, GESCHÄFTSPARTNER, FREUNDE UND FÖRDERER

Es gibt viele Menschen, Organisationen und Unternehmen, die uns bei der Arbeit an diesem Buch geholfen haben. Im Folgenden stellen wir sie Ihnen vor.

FRESH LAND

Fresh Land hat ein Unternehmen aufgebaut, das Gemüse direkt von ausgewählten Bauernhöfen in ganz Europa an die Verbraucher liefert. Auf diese Weise wird sowohl die wirtschaftliche Grundlage der Landwirte gestärkt als auch den Verbrauchern eine höhere Qualität des Gemüses geboten. Fresh Land hat viele der Gemüsesorten für dieses Buch geliefert.

BIRKEMOSEGAARD

Birkemosegaard ist einer der ehrgeizigsten biodynamischen Betriebe in Dänemark. Er baut magisches Gemüse an und beliefert einige der besten Restaurants des Landes und glückliche Verbraucher. Birkemosegaard hat viele der Gemüsesorten für das Buch geliefert.

ØENS HAVE

Øens Have ist ein einzigartiger städtischer Bauernhof auf Refshaleøen in Kopenhagen, wo Stadtbewohner kommen und etwas über eine bessere Landwirtschaft für uns und unseren Planeten lernen können. Øens Have hat viele der Gemüsesorten für das Buch geliefert und auch ein Rezept kreiert (Seite 239).

NORDIC HARVEST

Nordic Harvest ist das weltweit größte Experiment in vertikaler Landwirtschaft. Sie bauen klimafreundliches und schmackhaftes Mikrogemüse unter anderem für Supermärkte und Restaurants an. Wir haben sie im Rahmen unserer Recherchen für das Buch besucht.

ASAASA

ASAASA importiert und verkauft getrocknete Bio-Gewürze von höchster Qualität aus der ganzen Welt.

EVA HURTIGKARL

Eva ist eine der originellsten jungen Köchinnen des Landes, die einen starken konzeptionellen Sinn mit ihren schmackhaften Gerichten verbindet, oft in Verbindung mit Mode- und Kunstevents. Eva hat ein Rezept für das Buch kreiert (Seite 191).

EASY PEASY

Easy Peasy wurde von Stine Kirkegaard gegründet, sie ist eine der talentiertesten dänischen Vermittlerinnen der entspannten italienischen Küche. Ihr Essen ist cool und großzügig zugleich. Stine hat ein Rezept für das Buch kreiert (Seite 225).

EAT REAL BE REAL

Hinter dem Food-Blog Eat Real Be Real steht Helene Joanna Carmen Plett Forchhammer. Sie macht einige der köstlichsten Gerichte, die ich je probiert habe. Immer mit einem Gespür für gute Aromen, aber ohne sich von Konventionen einschränken zu lassen. Helene hat ein Rezept für das Buch beigesteuert (Seite 179).

LOUIS HERBØL RAASCHOU

Louis ist Journalist und hat mehrere Jahre lang bei *Planetarisk Kogebog* mitgearbeitet. Er ist ein begnadeter Autor, was in den Kapiteln über Meerrettich (Seite 33), grüne Erbsen (Seite 61), Fenchel (Seite 77) und Zucchini (Seite 95) deutlich wird.

REGISTER

SAISONKALENDER

Rote Bete, gelagert
rote Zwiebel, getrocknet
Salatherzen, gelagert
Schalotte, getrocknet
Schwarzwurzel
Shiitake, kultiviert
Spargel
Speiserübe
Steckrübe
Topinambur
Winterkohlrabi
Zuchtpilze
Zwiebel, getrocknet

MAI

Artischocke, südeuropäisch
Aubergine, südeuropäisch
Austernpilz, kultivierte
Avocado, importiert
Bärlauch
Blumenkohl, südeuropäisch
Broccolini, südeuropäisch
Brokkoli, südeuropäisch
Chilischoten, südeuropäisch
Eisbergsalat
Endivie
Gurke
Karotte, gelagert
Kartoffel
Knollensellerie, gelagert
Kopfsalat
Lollo rosso
Mangold
Meerrettich, wild
Paprikaschote, südeuropäisch
Pastinake
Petersilienwurzel
Radieschen
Romanasalat
Romanesco, südeuropäisch
rote Zwiebel, getrocknet
Rotkohl, gelagert
Rucola
Salatherzen
Schalotte, getrocknet
Schwarzwurzel
Spargel
Speiserübe
Spinat
Steckrübe
Tomate, südeuropäisch
Weißkohl, gelagerte
Zuchtpilze
Zwiebel, getrocknet

JUNI

Aubergine, südeuropäisch
Avocado, importiert
Blumenkohl
Broccolini
Brokkoli
Chilis, südeuropäisch
Daikon
Erbsen
Fenchel
Friséesalat
Gurke
Karotte
Kartoffel
Knoblauch
Kürbis
Meerrettich, wild
Paprikaschote, südeuropäisch
Romanesco
rote Zwiebel, getrocknet
Rucola
Salatherzen
Schalotte, getrocknet
Sommerkohlrabi
Sommerrotkohl
Sommerspitzkohl
Sommerweißkohl
Sommerwirsing
Spargel
Speiserübe
Spinat
Tomaten, südeuropäisch
Zwiebeln, getrocknet

JULI

Artischocke
Aubergine
Avocado, importiert
Bete
Blattsellerie
Bohnen, Fava
Bohnen, flache breite
Bohnen, grüne
Broccolini
Brokkoli
Chili
Daikon
Eisberg
Erbsen
Fenchel
Friséesalat
Frühlingszwiebeln
Grünkohl
Gurke
Karotte
Kartoffel
Knoblauch
Kopfsalat
Lauch
Lollo rosso
Mais
Meerrettich
Palmkohl
Paprikaschote
Porree
Radieschen
Romanasalat
Romanesco
rote Zwiebel
Rucola
Schalotte
Sommerkohlrabi
Sommerrotkohl
Sommerspitzkohl
Sommerweißkohl
Sommerwirsing
Spinat
Staudensellerie
Tomate
Weinberglauch
Wildpilze
Zuchtpilze
Zwiebel

AUGUST

Artischocke
Aubergine
Avocado, importiert
Bete
Blattsellerie
Bohnen, flache breite

Bohnen, grüne
Broccolini
Brokkoli
Chilis
Daikon
Eisbergsalat
Endivie
Erbse
Fenchel
Frühlingszwiebeln
Grünkohlmöhre
Gurke
Kartoffel
Knoblauch
Kopfsalat
Lauch
Mais
Meerrettich, kultiviert
Meerrettich, wild
Pak Choi
Palmkohl
Paprikaschote
Porree
Rettich
Romanasalat
Romanesco
rote Zwiebel
Rucola
Schalotte
Sommerkohlrabi
Sommerrotkohl
Sommerspitzkohl
Sommerweißkohl
Sommerwirsing
Spinat
Staudensellerie
Tomate
Weinberglauch
Wildpilze
Zuchtpilze
Zwiebel

SEPTEMBER

Artischocke
Aubergine, südeuropäisch
Avocado, importiert
Bete
Blattsellerie
Blumenkohl
Bohnen, Fava
Bohnen, flache breite
Bohnen, grüne
Brokkoli
Chili
Daikon
Erbse
Fenchel
Frühlingszwiebeln
Grünkohl
Gurke
Karotte
Kartoffel
Knollensellerie
Kohlrabi
Kopfsalat
Kürbis
Lauch
Mais
Meerrettich, kultiviert
Meerrettich, wild
Pak Choi
Palmkohl
Paprikaschote
Pastinake
Petersilienwurzel
Porree
Puntarelle
Rettich
Romanasalat
Romanesco
rote Zwiebel
Rucola
Salatherzen
Schalotte
Schwarzwurzel
Sommerkohlrabi
Sommerotkohl
Sommerspitzkohl
Sommerweißkohl
Sommerwirsing
Spinat
Tomate
Topinambur
Weinberglauch
Wildpilze
Zuchtpilze
Zwiebel

OKTOBER

Artischocke
Aubergine, südeuropäisch
Avocado, importiert
Bete
Bete, gelagert
Blattsellerie
Brokkoli,
Eisberg
Fenchel
Fenchel
Flower Sprouts
grüne Tomaten
Gurke
Kartoffel, gelagerte
Knoblauch, getrocknet
Knollensellerie
Kohlrabi
Mais
Meerrettich, kultiviert
Meerrettich, wild
Palmkohl
Pastinake
Petersilienwurzel
Puntarelle
Rettich
Romanesco
Rosenkohl
rote Zwiebel, getrocknet
Rucola
Schalotten, getrocknet
Schwarzwurzel,
Sommerkohlrabi
Topinambur
Wildpilze
Winterkohlrabi
Winterrotkohl
Winterspitzkohl
Winterweißkohl
Winterwirsing
Zuchtpilze
Zwiebel, getrocknet

NOVEMBER

Artischocke, südeuropäisch
Avocado, importiert
Bete, gelagert
Endivie
Flower Sprouts

Grünkohl
Karotte, gelagert
Kartoffel, gelagert
Knoblauch, getrocknet
Knollensellerie
Kohlrabi
Kürbis
Mais, südeuropäisch
Meerrettich, kultiviert
Meerrettich, wild
Palmkohl
Pastinake
Petersilienwurzel
Pilze, gezüchtet
Pilze, wild
Radicchio g.g.A., italienisch
Rosenkohl
rote Zwiebel, getrocknet
Schalotte, getrocknet
Schwarzwurzel
Staudensellerie
Topinambur
Wildpilze
Wildpilze
Winterkohlrabi
Winterporree
Winterrotkohl
Winterspitzkohl
Winterweißkohl
Winterwirsing
Zuchtpilze
Zwiebel, getrocknet

DEZEMBER

Artischocke, südeuropäisch
Avocado, importiert
Baby-Brokkoli, südeuropäisch
Bete, gelagert
Blumenkohl, südeuropäisch
Broccolini, südeuropäisch
Brokkoli, südeuropäisch
Flower Sprouts
Karotte, gelagert
Kartoffel, gelagert
Kollensellerie
Kürbis
Palmkohl
Pastinake
Petersilienwurzel
Radicchio g.g.A., italienisch
Romanesco, südeuropäisch
Rosenkohl
Rote Bete, gelagert
Rote Zwiebel, getrocknet
Rotkohl, gelagert
Schalotte, getrocknet
Schwarzwurzel
Topinambur
Weißkohl, gelagert
Winterkohlrabi
Winterporree
Winterwirsing
Zwiebel, getrocknet

GEMÜSEZUTATEN

REZEPTE

Ein verlagsneues Buch kostet in ganz Deutschland und Österreich jeweils dasselbe. Das liegt an der gesetzlichen Buchpreisbindung, die dafür sorgt, dass die kulturelle Vielfalt erhalten und für die Leser:innen bezahlbar bleibt. Also: Egal ob im Internet, in der Großbuchhandlung, beim lokalen Buchhandel, im Dorf oder in der Stadt – überall bekommen Sie Ihre verlagsneuen Bücher zum selben Preis.

Dieses Buch ist zuerst unter dem Titel *Grøntsager* im Jahr 2022 beim Muusmann Forlag, Kopenhagen erschienen.

Layout: Malte Gaarde Meyenburg in Zusammenarbeit mit dem Muusmann Verlag
Fotografien: Theis Bothmann
Texte: Malte Gaarde Meyenburg
Texte Seite 31, 59, 75 und 93: Louis Herbøl Raaschou
Rezept Seite 237: Øens Have
Rezept Seite 189: Eva Hurtigkarl
Rezept Seite 223 Stine Kirkegaard
Rezept Seite 177: Helene Joanna Carmen Plett Forchhammer
Alle anderen Rezepte: Anders Kvorning

Für die deutschsprachige Ausgabe:

Aus dem Dänischen von Nicola T Stuart

Printed in Slovakia

ISBN 978-3-96428-224-8
www.jacobystuart.de

MIX
Papier | Fördert gute Waldnutzung
FSC® C023577

Dieses Buch ist auf Papier gedruckt, für das Holz aus nachhaltiger Forstwirtschaft verwendet wurde.

Druckprodukt mit finanziellem
Klimabeitrag
ClimatePartner.com/13916-1911-1001

All unsere mit finanziellem Klimabeitrag gedruckten Novitäten und Nachdrucke finden Sie auf climatepartner.com unter Angabe der ID 13916-1911-1001. Hier erhalten Sie auch Einblick in die Klimaschutz- und sozialen Projekte, die wir mit Ihrer Hilfe unterstützen.